김인현 교수의 해운산업 깊이읽기

김 인 현

法 文 社

머 리 말

수산업을 하던 집안에서 태어났으니 선박과 인연을 맺은 지도 60년이 넘었다. 선장을 그만두고 고려대 대학원에 진학한 1994년 이후 해상법을 연구해왔으니 이미 25년이 지났다. 나의 연구는 순수한 해상법에만 머문 것이 아니었다. 실무 출신이다 보니 실무의 움직임에도 항상 주목해왔다. 나의 이러한 태도는 2014년 세월호와 2017년 한진해운 사태 이후에 더 깊어졌다. 2018년 해양수산부 정책자문위원장을 맡고부터는 더 전문적인 식견이 필요하다는 생각에서 나름 노력을 했다.

이런 과정을 거치면서 나는 많은 글을 남겼다. 다른 사람들이 모두 놀랄 정도이다. 해운신문에 김인현 칼럼은 이미 60회를 넘겼다. 학술논문도 150편이 넘는다. 이번 일본 동경대학의 안식학기 6개월 동안에도 많은 글을 남겼다.

일본에서 집단지성(集團知性)의 힘을 알게 되었다. 일본 서점에는 해운물류수산 관련 얇은 단행본이 수시로 발간되고 있었다. 어렵지도 않고 3시간 정도면 독파가 가능한 분량이다. 반드시 유명한 교수의 책이 아니다. 실무자들이 자신의 경험을 적은 것들이다. 관련 업계의 사람이나 일반인들이 이런 가벼운 전문서적을 읽으면서 지식을 공유하면서 힘을 키워나가는구나 하는 점을 인지하게 되었다. 더 많은 사람들이 자신이 연구하거나 경험한 바를 글로 적어 발표하고 축적하여 공유하게 되면 그 분야의 힘은 그만큼 더 커가게 된다는 것을 알게 된 것이다.

우리는 너무 대작을 기다리는 경향이 있다. 글쓰는 사람들도 대작을, 그리고 두터운 전문서적을 만들려고 한다. 대작은 시간이 필요하다. 기민하게, 부피가 작을지라도 빨리빨리 동료전문가들과 종사자들과 공유하는 것이 연구보다 더 중요함을 느꼈다.

이러한 생각에 미친 나는 일본에 있던 동안 연구하여 발표한 글들을 모아서 책으로 내기로 했다. 약 200페이지 이내로 하여 가볍게 하기로 했다. <월간 해양한국>에 5번에 걸쳐 기고한 “일본 해상법 교실”에는 일본의 해상법 자체에 대한 연구결과를 적었다. 2018년 개정된 일본 상법과 해상법에 대한 설명이 주가 된다. <한국해운신문>에 “일본 해운·조선·물류산업 깊이알기”란 제목으로 발표하였던 칼럼 7편을 포함시켰다. 나름대로 우리 해운산업의 발전을 일본과 비교하면서 우리가 경쟁력을 갖기 위한 깊은 사유를 한 것들이라서 독자들과 공유하고자 한다.

부록으로 학술논문 2편을 실었다. 일본의 선주사와 운항사 분리운영제도, 2019년 일본 해상법 개정내용에 대한 것이다. 그리고 일본 해운산업의 성지격인 이마바리(今治)를 둘러보고 느낀 점을 적은 글, 2014년 <월간 해양한국>에 연재한 “싱가포르 해상법 교실”을 부록에 넣어서 한국, 싱가포르, 일본의 해상법이 비교가 되도록 마련해보았다.

아쉽지만, 학교에서 보장해준 정년의 기간이 이제 4년 남짓 남았다. 하나씩 정리할 때임을 느낀다. 그동안 원도 없이 한도 없이 연구하고 글을 여기 저기 발표했다. 이들을 정리해서 일목요연하게 할 필요가 있다고 느꼈다. 학술논문은 해상법 연구 시리즈가 있으므로 정리가 되는데, 특히 칼럼들은 너무 산재해 있다. 차근차근 정리할 생각이다.

나의 이러한 생각을 수용하여 책으로 발간해줄 것을 결정한 출판사 담당자들에게 감사인사를 드린다.

본서가 우리나라 해운 물류산업 및 해상법의 발전에 기여하길 바란다.

2020. 6. 30. 화정동 서재에서

필자 선장 교수 김인현

차 례

제1장 일본 해상법 교실

제2장 일본 해운 · 조선 · 물류산업 깊이 읽기

제3장 기타 칼럼

〈부록〉

제 1 장

일본 해상법 교실

1. 일본 해상법 학계의 동향

일본에서 안식학기를 보내는 이유

우리나라와 일본이 경제적인 이유로 사이가 좋지 않은 현 시점에 굳이 일본에서 안식학기를 보내야하는지 가족들도 반대를 했고, 주위에서도 말리는 분들도 있었다. 그렇지만, 일본 동경대에서 연구생활을 하겠다는 것은 나의 오랜 꿈이기도 하였다.

나는 일본의 산코기센에서 1982년부터 10년간 근무를 했다. 선박에는 본사에서 공급해주는 “용선계약의 실무적 해설” 등 좋은 일본 책들이 많아서 공부를 많이 할 수 있었다. 그래서 나는 20대에서부터 우리나라에 없는 지식들을 일본을 통해서 배울 수 있다는 생각을 해왔다. 그 후 40세에 목포해양대학 교수가 되어 해상교통법을 강의하면서 일본의 해상보안대학교의 마쓰모토(松本) 교수와 교류하게 되었다. 여러 차례 일본을 방문, 자료도 얻고 발표도 한 적이 있다. 또한 2000년부터 IMO와 IOPC 회의에 한국대표단의 자문으로 나갔다. 여기서 존경하는 일본 동경대학의 오치아이(落合) 교수를 만났다. 학식이나 인품에서 훌륭한 분이었다. 나는 우리보다 앞선 해운선진국인 일본에서 해상법을 연구하면 더 크게 도움이 될 것으로 보았다. 그래서 오치아이 교수님께 부탁하여 일본 동경대학에서 6개월 연구하도록 준비가 되었었다. 텍사스대학에서 1년 공부를 마치고 2014년 8월에 귀국을 하면서 목포해양대학에 2학기에 휴직하기로 했다. 그런데, 학부에서 선배교수들이 허락을 해주지 않아서, 동경대에서 공부할 좋은 기회를 놓치고 말았다. 그 뒤의 교수생활 내내 아쉬움이 남았다.

통상 교수들이 논문을 작성할 때에는 이미 앞서간 선배들이 연구한 것을 참조하고 이를 표기하게 되어 있다. 선배들은 영어는 기본이고 독일어와 불어 중에서 하나는 할 줄 알았어야 했다. 그래서 영어서적은 물론 독일어서적 혹은 불어서적을 반드시 참조하는 것이 일반적이었다. 후배세대들은 조금 다르다. 독일어와 프랑스어의 비중이 떨어지면서 이것들이 필수적이라는 생각이 법학계에서 점점 사라져갔다. 나의 경우 처음부터 독일어는 배운 적이 없지만 불어는 대학에서 배웠고 입시의 목적으로 공부한 적이 있다. 그렇지만 그 후 지속적으로 하지 않아 잊어버렸다.

다행히도, 일본어는 어느 정도 해독이 가능하여 논문에 참고문헌을 넣을 정도는 되었다. 그런데, 일본어도 지속적으로 하지 않으니, 읽다보면 군데군데 막히는 것도 많다. 10년 동안 일본 회사에 근무하면서 일본어 공부를 꽤 많이 했었는데, 조금만 더하면 많이 나아질 것으로 판단되었다. 이번 기회에 일본어 회화는 물론이고 일본어로 된 전문서적도 더 잘 읽을 수 있는 단계로 끌어 올리도록 하자는 생각이 들었다.

미국이나 영국도 갈 생각을 했지만, 연구실의 제자들의 박사학위논문 석사학위논문지도의 문제, 각종 해상법관련 행사에 내가 관여하지 않을 수 없는 현실을 고려해야했다. 그렇다면, 가까운 일본이 좋겠다는 판단을 한 것이다.

2014년 세월호 사고, 2016년 한진해운 파산사태를 지나면서 나는 알게 모르게 실무에 깊은 관심을 가지고 해결책을 제시하는 교수가 되어버렸다. 그리고 2017년부터 해양수산부 정책자문위원장으로 있기 때문에 해운, 조선, 물류 그리고 수산 분야에 대한 전문적인 식견이 필요하게 되었다. 일본의 해운과 조선은 아주 안정적이다. 그리고 물류라는 개념도 일본에서 시작되었다. 해양국가인 일본이 해양과 수산에서도 우리보다 앞서 있을 것이다. 일본 현장방문을 통하여 안정된 해운과 조선의 비결이 무언지 공부하고자 했다.

그래서, 오랜 지인인 동경대 법대의 후지다 교수에게 부탁을 했더니 고맙게도 2019년 9월부터 6개월간 객원연구원으로 수속을 해주었다. 그가 숙소를 어떻게 할 것인가 나에게 물어와서 학교의 외국인교수 기숙사를 원한다고 했더니 동경대에서 운영하는 오이와께(追分) 국제기숙사를 잡아주었다.

동경대 법대 후지다 교수

동경대학에서의 연구생활의 시작

연구테마는 금년 4월부터 새롭게 적용되는 "일본 개정 해상법"으로 정했다. 이렇게 하여 출국준비를 하여 공항으로 출발하였다. 가장 걱정이 되는 것이 내가 6개월간 없는 동안 학생들의 강의와 연구, 각종 해상법 세미나 등이 위축될 것이라는 점이었다. 이미 이번 학기 학부에서의 보험해상법은 아예 개설이 되지 못하였다. 로스쿨에서도 해상보험법을 개설했어야 하지만, 내가 없으니 그렇게 할 수 없었다. 다행이 연구교수로 이현균 박사가 지정되어 해상법연구센터에 근무하게 되어 나의 부재를 많이 메워 줄 것으로 기대되었다.

"후쿠시마에서 나는 생선들은 먹지 마세요" 등등, 집사람과 딸아이들의 걱정어린 말들을 뒤로하고 동경에 도착, 기숙사에 들어왔다. 월 110만원 정도이지만, 깨끗하고 음식도 만들어 먹을 수 있는 시설이 마련되어 있어 만족스럽다.

다음날 지도교수가 된 후지다 선생을 만나서 인사를 하고 같이 점심을 먹었다. 그로부터 일본의 해상법 소식을 많이 들을 수 있었다. 다음 주에는 오랜 교류관계가 있는 와세다 대학의 하코이 교수를 만났다. 그리고 와세다의 나카이데 및 쯔바키 교수와도 만났다. 그리고 일본 해법학회 69차 총회 및 발표회에 참석했다. 그 결과를 종합하면 아래와 같다.

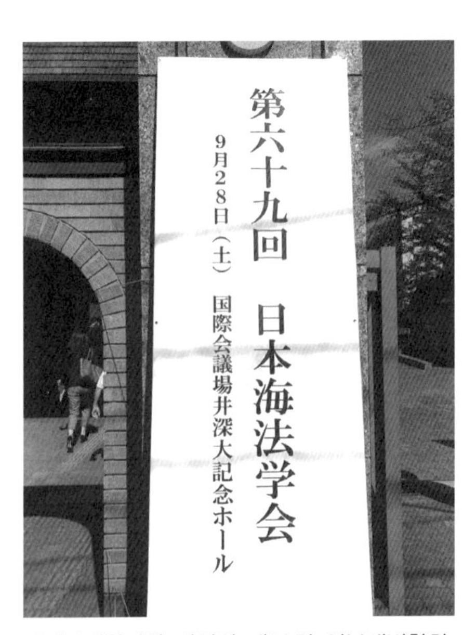

와세다대학에서 개최된 제69회 일본해법학회

첫째, 지난 5년간 일본의 해상법학계의 분위기가 상당한 정도로 올라온 것을 피부로 느낄 수 있었다. 우선 인적인 구성에서의 변화이다. 오치아이 교수 등 원로들은 정년퇴직을 했지만, 50대 교

와세다대 법대 하코이 교수

수와 변호사들 약 10명이 주축이 되고, 30대와 40대 10명 이렇게 20명 정도가 핵심 멤버가 되어 일본의 해상법을 이끌고 가고 있다. 학계에서는 하코이 교수(와세다), 후지다 교수(동경대), 사사오까 교수(요코하마), 미나미 교수(일본대학)가 돋보인다. 변호사로서는 야마구치(오가베 & 야마구치), 다나카 변호사, 아메미야 변호사가 두각을 나타낸다. 특히 해상법 개정작업을 하면서 해상법이 정비가 되고 인적구성도 탄탄해지고 신규유입도 많아졌다. 선배교수들이 정년을 하면서 후배들이 들어오지 못해서 해상법 교수가 3~4명에 지나지 않는 우리

야마구치 변호사(가운데 안경 쓴 이)와 일본을 방문한 제자들과 함께

상황과 크게 비교되어 나로서는 큰 걱정이 앞섰다. 내년 10월에 일본 동경에서 세계해법회(CMI) 총회 겸 컨퍼런스가 열리는데, 이것도 큰 행사이기 때문에 관련자들의 분위기가 고조되어 있을 것으로 본다.

둘째, 일본에서도 정기용선의 법적 성질과 효과가 최근 가장 큰 이슈가 된 것 같다. 가시마 항구에서 Ocean Victory라는 선박이 풍랑을 만나서 방파제에 좌초하게 되었다. 선박은 나용선(선체용선)이 되었는데 선박은 다시 정기용선이 되었다. 태풍이 내습하기 전에 더 빨리 항구에서 출항할 지시를 주지 않은 것이 사고의 원인이라고 하여 선박소유자는 나용선자에게 책임을 물었다. 나용선자는 선박이 정기용선 중이었기 때문에 용선계약에 사용약관이 있어서 정기용선자가 선장에 대한 지시를 할 수 있다는 점을 근거로 정기용선자가 책임을 부담한다고 하였다. 일본의 하급심과 항소심은, 피항을 위한 항해에 대한 지시는 항해사항으로서 이는 선박소유자가 부담하는 것이고, 본 사건은 나용선자가 선박소유자에 해당하는 자로서 선박의 사용자이므로 직접책임을 부담한다고 보았다. 안전항인지 여부는 영국귀족원에서 다루어진 것으로 이와는 별개의 사안이다. 2018년 개정 해상법에서는 일본 상법이 처음으로 정기용선에 대한 별도의 규정을 두었다. 정기용선된 선박에 대하여도 선박우선특권이 행사될 수 있는 별도의 입법을 하게 되었다.

셋째, 일본의 유류오염손해배상법(유배법)은 유류오염손해는 물론 난파물제거에 대한 규율도 같이 하고 있는 점이 우리 법과 다르다. 그런데, 최근의 난파물제거 사건에서 국가나 기업 등 난파물을 제거한 자들이 선주에게 비용을 받지 못하여, 유배법에 따라 책임보험자에게 직접청구를 하려고 해도 항변 등으로 쉽게 인정이 되지 않는 일들이 발생했다. 이에 일본정부는 유배법에 난파물제거자들이 비용에 대한 직접청구권을 가지도록 하는 입법을 추진 중이다. 우리 상법은 상법 제724조에 잘 규정되어 있다. 이 점은 우리가 일본보다 앞서가는 점이다. (〈월간 해양한국〉 2019년 10월호)

2. 2019년 개정 일본 해상법 하에서의 정기용선계약

정기용선만큼 중요한 선박운용 방법도 없다. 선박을 운항하는 해상기업은 반드시 자신이 선박을 소유하지 않고 빌려서 영업을 해도 된다. 빌리는 방법은 나용선(선체용선)계약과 정기용선계약이 대표적이다. 정기용선계약은 선장이 갖추어진 상태의 선박을 정기용선자가 선박소유자로부터 빌려서 자신의 영업에 사용하는 것이다.

이렇게 용선한 선박을 이용하여 정기용선자는 운송인이 될 수 있다. 또 다시 선박을 제3자에게 용선하여 주기도 한다. 그는 운송인이 되기 때문에 계약상 혹은 상법상 운송물에 대한 주의의무를 부담한다. 포장당 책임제한을 주장할 수도 있고, 선박소유자책임제한을 주장할 수도 있다.

내부관계

정기용선계약의 내부관계는 용선계약의 내용에 따라 처리된다. 외항해운에서의 정기용선계약에는 NYPE라는 표준계약서가 사용되는 것이 대체적이다. 일본에서도 이와 같다. 정기용선계약에는 몇 가지 중요한 사항이 있다. (1) (i) 해기(海技)사항은 선박소유자가 (ii) 상사(商事)사항은 정기용선자가 책임과 비용을 부담한다. (2) 정기용선자는 선박을 자신의 목적으로 이용해야 하는데, 선장은 자신이 고용 감독하는 사람이 아니라서 어려움이 따른다. 이에 정기용선자의 지시에 선장이 따르도록 되어 있다. 이를 위반하여 정기용선자가 손해를 입었다면 선박소유자는 손해를 배상해주어야 한다.

이런 내용은 약정으로 정해져 있지만, 약정이 없는 정기용선계약이 있는 경우도 있을 것이다. 이에 대비하여 상법에 위의 규정을 넣으면 더 효과적이다. 상법이 적용되는 사항이면 이제는 NYPE의 해당 약정을 넣지 않아도 상법이 적용되므로 관련 당사자에게 편리함을 제공하게 된다.

우리 나라 상법 해상편은 (1)에 대하여는 규정을 가지지 않지만, (2)에 대하여는 1991년 상법 개정시에 규정을 두게 되었다. 일본은 이번 개정에서 정기용선에 대한 정의규정을 두면서(제704조 이하) (1)과 (2)에 대하여도 규정을 두게 되었다(제706조 및 제705조).

(1)의 상사사항과 해기사항에 대하여 구체적인 언급을 한 것도 개정 일본 해상법의 특징이다. 최근 일본에서는 이와 관련 고등법원의 판결(Ocean Victory호 사건)이 나왔다(동경고등법원 2014.7.17.판결 평성 25 제4290호)(최고재판소에서 2015.3.6. 상고불수리가 되었다). 일본 가시마 항에서 황천에 출항을 하던 선박이 항내에서 좌초한 사건에서 선장의 피항조치가 늦은 점이 문제가 되었다. 항내에 접안 중 태풍이 온 경우 피항을 해야하는바 그 결정은 정기용선자 혹은 선박소유자 중 누구의 권한이고 의무인지가 문제되었다.

선박소유자는 정기용선자가 잘못이므로 좌초된 선박의 수리비 등을 지급하라고 주장하였다. 정기용선자는 이를 부인하였다. 이는 해기사항으로서 자신이 선장에게 지시할 사항이 아니라고 주장했다. 동경고등법원은 정기용선자의 손을 들어주었다. 이 판결에 대하여 고바야시 교수는 "NYPE 약관상 사용약관(employment clause)에서 정기용선자의 선장지휘권의 범위 안에 해기사항은 포함되지 않는다는 점을 최초로 명확히 한 것"으로 평가한다.

참고로, 영국 귀족원의 Hill Harmony호 사건(영국 귀족원 2000.12.7.) (김인현, 해상법, 2018, 195면)은 이와 조금 다르다. 미국에서 일본을 오는 과정에서 항로를 어떻게 결정할 것인가의 문제였다. 이에 대하여 영국 귀족원은 이는 항해시간의 길고 짧음에 관계되고 용선료의 문제이고 영업의 문제 즉, 상사사항으로 보았다. 따라서 정기용선자의 항로에 대한 지시를 따르지 않은 선장의 과실에 대하여 선박소유자가 손해배상책임을 부담하게 되었다.

정기용선의 대가인 고바야시 교수(우측 첫번째)

정기용선계약의 내부관계를 다룬 판례를 쉽게 찾아볼 수 없는데, 영국과 일본에서 이렇게 좋은 판례가 만들어졌다. 황천피항을 하는 결정은 해기사항으로 선박소유자가 권한과 의무를 부담한다. 한편, 항로선정을 위한 결정은 상사사항으로 정기용선자가 권한과 의무를 부담하는 것으로 선장은 정기용선자의 지시에 따라야 한다.

외부관계

정기용선계약에서 외부관계란 선박소유자와 정기용선자 사이의 내부관계를 말하는 것이 아니라 제3자와의 관계를 말한다. 정기용선된 선박에서 선박충돌이 발생한 경우 누가 책임의 주체가 될 것인가? 선박소유자 혹은 정기용선자 중 책임의 주체가 누구인가의 문제는 일본에서도 오랫동안 다투어져온 사안이다.

우리나라와 마찬가지로 일본에서도 정기용선된 선박의 제3자에 대한 책임의 문제를 규율하는 규정이 없다. 다만, 나용선(선체용선)의 경우는 하나의 규정을 두고 있다(상법 제850조, 일본 상법 제703조). 이에 의하면 나용선자도 선박소유자와 같은 권리와 책임을 부담한다고 한다. 그러므로, 나용선된 선박이 선박충돌에 책임이 있다면 나용선자가 책임을 부담하게 된다. 나용선계약과 정기용선계약의 법적 성질이 유사하다면 우리 상법 제850조 혹은 일본 상법 제703조를 유추적용할 수 있게 된다.

이것이 일본과 우리나라의 주류적인 입장이고 대법원의 판례였다. 선박충돌에 대하여 일본은 위와 같은 논리전개로 정기용선자가 책임의 주체가 되었다(최고재판소 1992.4.28. 판결). 우리나라에서는 선하증권상의 책임에 대하여 정기용선자가 책임의 주체가 되었다(대법원 1992.2.25. 선고 91다14215 판결). 그 후 실무의 입장을 반영하는 판결들이 일본과 우리나라에서 나타났다. 일본에서는 정기용선계약하에서 선박소유자가 선하증권상의 책임을 부담한다는 판결이 나왔다(최고재판소 1998.3.27. 쟈스민호 판결). 우리나라에서는 선박충돌의 경우 이는 해기사항으로 선박소유자가 불법행위상 사용자책임을 부담하는 형식을 취하게 되었다(대법원 2003.8.22. 선고 2001다65977 판결). 이렇게 해서 양국에서 모두 계약책임과 불법행위 책임상 주체가 서로 다르게 분화하는 현상이 나타났다.

이번 개정과정을 통해서 일본에서도 외부관계에서 책임의 주체에 대한 심도있는 논의를 하였지만 결론을 내지 못하고 사안별로 책임의 주체를 정하기로 했다. 특히, 불법행위책임주체에 대하여는 기존의 판례의 변경이 논해져서 우리나라와 같이 선박소유자가 책임의 주체로 될 여지도 남겨두게 되었다.

정기용선된 선박이 선박우선특권의 강제집행 대상이 될 수 있는지도 정기용선계약하에서 큰 쟁점이었다. 일본은 특히 정기용선된 선박이 많다. 시코쿠 등 선주사는 바로 정기용선을 운항사에게 준다. 우리나라 같으면 나용선(선체용선)이 많음에도 불구하고 이런 형태를 취한다.

일본 해상법에 의하면 우리나라와 달리 선박연료유를 공급한 자도 선박우선특권을 가진다. 선박연료유공급자가 선박소유자에게 공급한 경우와 나용선자에게 공급한 경우는 우선특권의 행사가 가능하였다(제703조 제2항). 정기용선에는 이런 규정이 없어서 논란이 있었지만, 일본에서는 이번에 가능하도록 조문을 두게 되었다(제707조). 이렇게 하여 선박연료유공급자를 보호하게 되었다고 일본에서는 설명된다.

이는 우리나라에 시사하는 바도 크다. 우리나라는 아직 이를 인정하는 명문의 규정은 없다. 마침 2019년 대법원의 판결이 내려져 개정 일본상법과 동일한 결과가 되었다.

인천항에서 정기용선자에게 예선서비스를 제공한 예선회사가 예선료를 받지 못하자 상법 제777조와 제850조 제2항(선박이 선체용선된 경우에 선체용선자가 부담하는 채무에 대하여 선체용선된 선박에 대하여 선박우선특권에 기한 임의경매신청이 가능하다)을 근거로 정기용선된 선박에 대한 임의경매를 신청하였다. 이에 1심법원은 이를 인정했지만 2심법원은 이를 부정하였다. 대법원은 다시 임의경매를 인정해주었다. 대법원은 두 가지 논리로 정기용선된 선박에 대하여도 우선특권을 인정해주었다(대법원 2019.7.24. 선고 2017마142 결정). (i) 정기용선계약의 법적 성질이 선체용선계약과 유사하여 선체용선계약에 적용되는 상법 제850조 제2항을 유추적용할 수 있다는 것이었다. (ii) 다른 하나는 선박입출항법에 의하면 예선업자는 무조건 예선서비스를 제공해야하므로, 보호할 필요성이 더 크다는 것이었다. 따라서 (ii)가 없는 경우 예컨대, 항비채권의 경우는 이것이 부인될 가능성도 있다. 그러므로, 일본과 같이 규정을 두는 것이 좋다(자세한 내용은 한국해운신문 2019.8.7.자; 상사법연구 제37권 제2호, 2018).

정기용선의 법적 성질에 의한 책임주체 확정의 방법은 우리나라와 일본에서 기능을 다하였는가? 그렇지는 않다. 일본과 한국은 모두 정기용선의 법적 성질은 임대차와 유사한 측면이 있다고 한다. 그렇다면, 경우에 따라서는 임차인에 해당하는 정기용선자가 상법

제850조 제1항을 유추하여 책임의 주체가 될 수 있다. 해난구조를 한 경우에 구조비를 누가 가질 것인가의 문제가 있다. 선박의 항해와 관련된다고 볼 수도 있고 상사와 관련된다고 볼 여지도 있다. 용선계약서에는 사이좋게 1/2씩 나누어가지도록 하고 있다. 선박우선특권의 경우가 대표적인 예로 설명이 되었는데, 이번 대법원에서 이를 잘 활용해주었다.

기 타

일본에서는 이번 개정작업 중 정기용선자가 안전항을 지정할 의무와 책임이 법정되어야할 것인지 논의가 있었다. 용선계약서에는 안전항 제공의무가 용선자에게 부과되어있다. 이를 입법화하지는 못하였다.

(〈월간 해양한국〉 2019년 11월호)

3. 상법 운송편의 개정내용

운송편의 개정내용

우리나라와 같이 일본도 상법에는 2편 상행위편에 운송규정이 있다. 해상운송도 2편 상행위에 포함된다. 그렇기 때문에 해상법이 없다면 이 운송규정이 모든 경우에 적용된다. 그렇지만 우리나라와 일본은 상법 안에 특별히 “해상편”을 두고 있다. 해상편이 특별규정이라서 먼저 적용되어 2편은 적용되지 않는다. 그 적용을 위해서는 한국 상법 제5편(일본 제3편)에 제2편에 대한 준용규정을 가지도록 했다. 예를 들면 선하증권이 가지는 물권적 효력을 해상편의 선하증권에 적용하려면 준용규정을 둔 것과 같다. 일본이 해상법이 개정되었다고 하여 해상법만 보면 큰 코를 다친다. 이번의 개정은 상법 제2편 제8장 운송영업 규정도 크게 개정되었다. 이번 호에는 이에 대하여 살펴본다.

대원칙

운송에는 운송수단에 따라 해상운송, 육상운송 그리고 항공운송이 있다. 이번 개정작업에서는 이 세 가지 운송수단 모두에 공통으로 적용되는 규정을 제2편 상행위편 운송규정에 넣었다는 점이다(일본 상법 제569조, 570조 이하). 그래서 수하인이 가지는 운송물인도청구권은 상행위의 운송규정의 준용규정없이 바로 해상운송의 경우에도 적용되게 된 것이다. 선하증권과 같은 경우는 실무적으로 화물상환증이 없다는 점을 전제로 이를 과감하게 상행위편에서는 삭제하고(구 상법 제572조 이하) 해상운송에만 규정을 두었다(일본 상법 제761조－제764조).

위험물 통지의무

송하인은 운송물이 인화성, 폭발성 기타 위험성을 가지는 경우, 그 인도 전에 운송인에 대하여 그 취지 및 운송물의 이름, 성질 기타 안전한 운송에 필요한 정보를 통지하지 않으면 아니된다(일본 상법 제572조). 최근 컨테이너 운송 등에서 여러 차례 큰 화재 및 폭발사고가 발생했기 때문에 이를 방지하기 위한 조치로서 이런 주의의무를 특별히 송하인에게 부과시켰다. 이를 위반하여 운송물이 적재된 경우 운송인은 손해배상책임을 부담하게 되는바, 특별한 언급이 없기 때문에 일반원칙에 따라 과실책임이라고 해석된다. 송하인도 매도인으로부터 통지받지 못하여 그 내용을 모른 경우에는 이에 과실이 없었다면 책임을 부담하지 않는다. 우리나라는 이러한 규정을 가지고 있지 않다.

정액배상주의

수하인이 운송물(1,000만원짜리)을 배송받은 다음 이를 제3자에게 큰 마진을 붙여서 매각하도록 된 경우(1,500만원)에 운송물이 운송중 분실되었다면 수하인은 운송인에게 얼마를 청구할 수 있을까?

민법에 의하면 채무자가 되는 운송인이 그러한 계약내용을 알았는지가 중요하다. 몰랐다면 통상손해인 1,000만원으로 되지만, 알았거나 알 수 있었다면 1,500만원을 지급해야 한다. 특별손해의 경우에는 특별한 사정을 알았거나 알 수 있었던 경우에만 배상한다는 원칙이다(민법 제393조 제2항). 그런데, 상법에서는 이런 특별한 사정을 인정하지 않고, 도착지의 가격으로 손해를 한정하는 법제도를 가지고 있다(상법 제137조; 일본 상법 제576조). 일종의 운송인 보호제도이다. 도착지의 가격인 1,000만원으로만 배상하면 운송인은 책임을 다하는 것이다.

고가물의 책임

상품권, 보석과 같은 것은 상법상 고가물이다. 고가물에 대하여는 운송에 각별히 신경을 써야 한다. 고가물의 운송에는 더 높은 운임을 지급해야 한다. 그런데, 마치 보통물인 것처럼 운송하는 경우가 대부분이다. 이러한 불합리를 방지하기 위하여 우리 나라(상법 제136조)와 일본 상법은 고가물의 특칙을 두고 있다. 고가물임을 신고하지 않고 운송을 맡겼을 때 운송 중 없어진 경우에는 손해배상의무가 운송인에게 없다(일본 상법 제577조 제1항). 운송인이 운송계약의 체결 당시 고가물임을 안 경우와 고의 혹은 중과실로 손해가 발생한 경우에는 적용이 없다(동 제2항).

수하인의 지위

운송이란 물건의 장소적 이동을 위한 것이다. 서울의 갑이 부산의 을에게 박스 하나를 보내려고 한다. 부산에 도착한 박스는 누가 찾을 권리가 있는가? 갑이다. 갑이 운송계약을 운송인과 했기 때문이다. 그렇다면 그가 부산에까지 내려와서 박스를 찾아야 하는가? 비효율적이다. 두 가지 방법이 있다. 하나는 자신의 대리인으로 하여금 박스를 찾도록 하는 것이다. 다른 하나는 을에게 판 것이기 때문에 운송인에게 을에게 인도하라고 지시하면 될 것이다. 이러한 약속이 없는 경우는 어떻게 할 것인가? 법률의 개입이 필요하다.

우리 상법 제140조와 같이 일본 상법도 운송물이 도착지에 도착하면 수하인도 송하인과 동일한 권리와 의무를 가진다고 했다(일본 상법 제581조). 송하인은 운송물인도청구권을 가진다. 수하인이 이를 이제 가지게 된다는 의미이다. 수하인이 청구를 하면 이제는 수하인이 인도청구권을 가지고 송하인의 권리는 사라진다(동 제2항). 운송인은 수하인에게 운송물을 인도해주어야 한다. 이런 내용이 해상운송에도 곧 바로 적용된다. 이번 개정에서 운송물이 도착지에 도착하지 못한 경우에도 수하인이 청구권을 가지도록 입법조치를 취했다. 우리나라에서도 이와 같은 개정이 필요하다. 수하인이 운송물을 수령한 경우에 운임을 지급할 의무를 부담한다(제3항).

제척기간 등

우리 상법 제814조와 같이 일본 상법도 운송인에 대한 손해배상청구 소송의 제기는 운송물 인도 후 1년 이내로 해야 한다고 정하고 있다(제585조 제1항). 소멸시효에서 제척기간으로 변경했다. 합의로 연장이 가능하다(제2항). 계약운송인-실제운송인의 경우 계약운송인의 실제운송인에 대한 제척기간은 자신이 합의 혹은 청구한 날로부터 3개월 연장된다(제3항).

불법행위책임

우리나라와 일본은 청구권 경합론이라는 확립된 법제도를 가지고 있다. 운송계약을 이행중 운송물이 멸실되었다면 이는 운송계약위반이다. 즉, 채무불이행책임을 운송인에게 청구할 수 있다. 그런데, 민법 제750조의 불법행위책임이 성립하기 때문에 법원에 불법행위를 청구원인으로 하여 손해배상청구를 할 수 있다. 각 청구원인이 법률효과가 다르기 때문에 유용하다. 그렇지만, 하나의 행위에 대하여 법률효과가 다른 2개의 청구원인이 존재한다는 것이 이상하기도 하다.

운송인과 송하인이 포장당책임제한의 액수를 얼마로 정했다고 하자. 이는 채무불이행 책임에는 당연히 적용되지만, 불법행위책임에는 어떻게 할 수있는지 의문이다. 불법행위는 당사자 즉, 원고와 피고가 조절할 수 있는 것이 아니다. 불법행위는 법률에 의하여만 볍률효과가 변경되는 것이다. 따라서 원고와 피고가 정한 책임제한액은 동 사안에서 적용되지 않는다. 결국 피고 운송인은 전액배상을 해야 한다는 결론에 이른다. 상법 운송규정도 마찬가지이다. 고가물의 책임도 상법은 계약책임을 전제로 하는 것이므로 불법행위로 청구를 하면 상법 규정의 적용이 없어서 전액배상을 받을 수 있는 여지가 생긴다. 그런데, 이러한 우리 법원의 입장은 해상운송관련 국제조약에서는 인정되지 않는다. 국제조약은 당사자가 약정한 내용이 모든 법률관계에 적용되어야 한다고 본다(헤이그비스비 규칙 제4조의2조). 따라서, "청구원인 여하에 불구하고(혹은 불법행위에도)"라는 단어를 사용하여 계약책임의 규정을 불법행위책임에도 적용하려고 한다(상법 제798조 제1항).

우리나라 상법 운송편에 대하여 법무부에서는 이와 같이 해상법과 같이 청구권경합을 부인하는 입장을 상법에 반영하려고 했지만 실패했다. 따라서 육상운송의 경우는 고가물의 특칙, 정액배상은 계약책임에만 적용된다. 반대로 해상운송은 계약책임뿐만 아니라 불법행위책임에도 적용된다. 이번 일본 상법 개정은 모든 운송에 있어서 상법의 규정은 계약책임뿐만 아니라 불법행위에도 적용되도록 하였다(일본 상법 제587조). 적용대상은 정액배상주의, 고가물의 책임 그리고 제척기간 등이다. 일본이 우리 나라 상법보다 앞서간다.

이행보조자의 책임(히말라야 조항)

운송인이 직접하역을 하지 못하는 경우가 많다. 하역회사에게 운송인은 하역을 의뢰한다. 하역작업 중 손해가 발생하면 화주는 운송인에게 손해배상책임을 묻는 것이 일반적이다. 운송계약을 위반했기 때문이다. 그런데 운송인은 계약상 혹은 상법상 책임제한을 해버린다. 이에 화주는 불법행위 책임을 하역회사에게 묻는다. 하역회사는 책임제한을 할 수 없다. 운송인은 책임제한을 하면서 하역회사는 책임제한을 하지 못하는 것이 불합리하다. 이에 운송인과 화주는 그러한 경우에 하역회사가 책임제한이 가능하도록 약정을 체결하였다. 이를 히말라야조항이라고 한다. 이를 근거로 하역회사는 포장당 책임제한이 가능하다.

이런 내용은 해상운송에만 있는 것인데, 이번 일본의 상법개정에서는 모든 운송의 경우에 이것이 가능하도록 확대시켰다(일본 상법 제588조). 다만, 운송인의 대리인 혹은 피용자라고 표현되어 있어서 하역업자, 창고업자와 같은 독립계약자(independent contractor)에게도 적용될 것인지는 의문이다. 우리나라 상법 제798조 제2항과 같이 선장과 같은 피용자에만 해당하는 것으로 사료된다. 독립계약자는 선하증권에 그러한 내용을 추가한 경우에만 계약의 효력으로서 같은 효과를 누릴 수 있다.

복합운송인의 책임

하나의 운송에서 2개 이상의 서로 다른 운송수단을 사용하는 운송을 복합운송이라고 한다. 복합운송을 위한 별개의 실체법을 두는 방법과 적용할 법률만 정하는 방법이 있는데, 일본도 우리나라와 같이 후자를 택했다. 사고의 원인이 밝혀진 경우 원인이 발생한 당해 운송에 적용되는 국내법 혹은 일본이 비준한 조약을 적용한다(제578조 제1항). 원인불명의 경우는 아예 규정을 두지 않았다. 계약당사자의 의사에 따른다는 것이다. 우리는 운송구간의 거리가 긴 구간의 법을 정하기로 하였다. 일본의 복합운송규정은 육상, 해상 및 항공 모두에 적용된다는 점에서 해상운송이 반드시 포함되어야 하는 상법 제816조와 다르다. (〈월간 해양한국〉 2019년 12월호)

4. 2019년 개정 일본 해상법

권한이 축소된 선장

해상기업은 바다를 이용한 운송영업을 한다. 화물을 실어 나를 선박과 그 선박과 화물을 책임지고 운반해줄 현장의 선장이 있어야 한다. 선박은 물적 설비, 선장은 인적 설비라고 한다. 선장은 선박에서 최고 권력자로서 지위를 갖는다. 상법상 의미를 갖는 것은 선장은 선박소유자의 대리인이라는 점이다. 선장은 선박소유자가 자신을 대신하여 항해 수행 중 필요한 일을 처리하라는 권한을 부여받은 자이다.

선장이 선박소유자의 대리인이라는 의미는 아래와 같다. 한국 국적의 A회사의 선박이 아프리카 오지에 입항하였다고 하자. 그는 선박연료유 및 부식을 공급받아야 한다. 현지의 공급업자와 A회사의 대표이사가 직접 계약을 체결하여야 한다. 그는 멀리 떨어져 있다. 선장이 회사를 대리하도록 하면 이 문제를 해결할 수 있다. 현지에서 그런 행위를 한 결과는 공급업자와 A 회사에게 효력을 미치게 한다. 공급업자는 선장에게 대금지급을 요구하는 것이 아니라 A 회사에게 청구해야 하는 것이다. 이러한 대리권은 수권의 범위 내에서만 유효한데, 일일이 수권의 범위를 확인할 필요가 없이 포괄적으로

"항해에 필요한 재판상 재판외의 모든 행위"를 할 권한을 허용하여 상대방이 대리권의 유무를 확인할 필요가 없도록 한 점에 상법의 의의가 있다.

우리나라와 일본은 모두 선적항 내에서는 좁은 대리권을 주고 선적항 밖에서는 넓은 대리권을 주었다. 선적항 내에서는 선원의 고용과 해고에 대한 권한을 가지고, 선적항 밖에서는 재판상 재판외 모든 행위를 할 수 있다(우리 상법 제749조). 예컨대, 비상시 예항계약을 체결했다면 이는 선박소유자에게도 효력이 있게 된다.

그런데, 선장의 대리권은 옛날과 같이 광범위하게 주어질 필요가 없는 것은 사실이다. 전화, 팩시밀리, 카톡 등 여러 다양한 방법으로 의사소통이 가능하다. 이를 반영하여 일본 개정 상법은 선장의 법정 대리권의 범위를 줄이게 되었다. 선적항 외에서 선박을 저당의 목적으로 붙이는 것, 자금을 빌리는 것도 원칙상 대리권의 범위가 아닌 것이 되었다. 선적항 내에 대하여는 아예 규정을 삭제하여 선원의 고용과 해고에 대한 대리권은 갖지 못한다(개정 상법 제708조). 그렇지만, 이것은 일본의 성급한 태도인 것으로 보인다. 해상법은 상선에만 적용되는 것이 아니라 어선에도 적용된다. 원양어선과 같은 경우에는 아직도 어선 선장이 선원들을 선발하는 것이므로 여전히 이러한 범위의 선장의 대리권은 필요하다고 하겠다. 그러나 이는 임의규정이므로 특별히 선주가 선장에게 선원의 고용에 대한 수권을 줄 수 있다고 생각된다.

운송인의 의무

우리 상법상 운송인의 의무에는 감항능력주의의무와 운송물에 대한 주의의무 2가지가 있다(우리 상법 제794조 및 795조). 일본에서도 이와 같다. 그런데, 좀 이해하기가 복잡하다. 일본은 국제운송에 적용되는 국제해상물품운송법(일본 COGSA)이 따로 있기 때문이다.

내항에서는 감항능력주의의무가 무과실책임으로 되어 있었다(개정 전 제738조). 국제운송의 경우는 과실책임주의이다. 운송인이 발항시 주의의무를 다해서 선박의 감항성을 갖추려고 했다면 그 결여로 인한 사고시에도 손해배상책임을 부담하지 않는다(일본 COGSA 제3조 제1항). 이번 개정에서 이러한 내항에서의 감항능력주의의무도 국제운송과 동일하게 하기 위하여 과실책임 주의로 변경했다(상법 제739조). 이 규정은 개품운송의 경우에는 강행규정이라서 운송인이 이를 감면하는 약정을 하면 무효이다(제739조 제2항). 그런데, 항해용선계약에서는 이를 화주와 약정으로 면할 수 있도록 했다(제756조). 이는 우리와 달라진 점이다(우리 상법 제839조 제1항).

운송물에 대한 주의의무는 운송인이 주의의무를 다했음을 입증하지 못하면 손해배상책임을 부담하는 것으로 되어있다. 상법 해상편에 둔 것이 아니라 관련 규정을 상행위편에 두었다(제575조). 국제운송은 헤이그비스비 규칙을 도입한 것이라서 우리와 같다(일본 COGSA 제5조). 이는 강행규정으로서 운송인이 책임을 면할 수 없다(일본 COGSA 제15조, 우리 상법 제799조).

포장당 책임제한

우리나라에서는 포장당 책임제한 제도는 상식수준으로 해운인들에게 널리 잘 알려져 있고, 손해배상의 문제만 발생하면 운송인은 기본적으로 이를 주장한다. 일본의 상법을 아무리 찾아보아도 포장당책임제한권에 대한 내용이 없다. 그러므로 내항운송에서는 운송인은 법률상 포장당 책임제한을 주장할 수 없다. 국제운송의 경우에는 일본 COGSA에 의하여 가능하다(제13조). 우리나라와 같이 단위당 666.67SDR과 Kg당 2SDR 중에서 큰 금액이다. 내항운송에서도 약정으로 이것이 가능한지 의문이 제기된다. 이를 규제하였던 일본 상법 제739조가 삭제되었기 때문에 가능하다고 본다.

당사자의 약정과 상법의 관계가 의문이 생긴다. 민사법에서는 당사자가 약정한 것은 우선하여 효력을 인정한다(당사자 자치의 원칙=계약자유의 원칙). 상법은 대부분 임의규정이고 임의규정과 다른 당사자의 약정은 당사자의 의사를 먼저 적용해준다. 또한 당사자가 아무런 약정을 하지 않은 경우에는 상법의 임의규정이 적용되는 점에서 임의규정이 의의를 갖는다.

운송증권

일본의 COGSA도 헤이그 비스비규칙을 도입한 것이기 때문에 선하증권의 사용을 전제로 했다. 그러므로 해상화물 운송장이나 복합운송증권에 대한 규정은 당연히 존재하지 않았다. 이번 상법개정에서는 복합운송증권(제769조)과 해상운송장(제770조)을 추가하게 되었다. 복합운송인의 손해배상책임은 상법 상행위편에서 통일적으로 정했지만 증권에 대하여는 해상운송편에서 정하고 있다. 제769조 제2항에서 선하증권의 채권적 효력(제760조), 물권적 효력(제763조), 상환성(제763조) 등에 대한 규정을 모두 준용하고 있다. 해상운송장은 우리나라의 해상화물운송장(seaway bill)을 말한다. 이는 유가증권이 아니기 때문에 선하증권과 관련된 효력을 준용하지 않았다. 우리나라도 동일하다. 다만, 우리 상법은 운송인과 송하인 사이에는 기재에 대하여 추정적 효력을 부여했지만(우리 상법 제864조). 일본은 그렇지 않다.

일본은 상행위 운송편에 화물상환증에 관한 지시증권성(제762조), 상환성, 채권적 효력, 물권적 효력 등을 규정하고, 이를 일본 COGSA에 준용하던 입장에서 벗어나서 상행위 화물상환증의 규정을 삭제한 다음 이를 해상편에 직접 규정하는 큰 변화를 가져왔다. 조금 차이가 나는 것이 제760조를 개정하면서 "운송인은 선하증권의 기재가 사실과 다른 점을 들어 선의의 소지인에게 대항할 수 없다”고 정하고 있다. COGSA 제9조를 그대로 이동시키면서 COGSA의 내용은 삭제했다. 운송인과 선의로 선하증권을 취득한 자 사이의 효력이다. 운송인이 대항할 수 없도록 하는 효력을 선하증권이 가진다(우리 상법 제854조 제2항). 운송인과 송하인 사이의 효력은 추정적 효력만 부여하는데, 이에 대한 규정(우리 상법 제854조 제1항)이 보이지 않는다.

각종 면책제도

운송인이 누리는 면책제도 중에서 가장 광범위한 것은 항해과실면책이다. 항해과실면책제도는 화재면책과 같이 일본 GOGSA 제3조 제2항에 규정되어 있다. 상법에는 규정되어있지 않기 때문에 내항운송에는 항해과실면책이 없다. 그렇기 때문에 당사자 사이의 운송계약에 이에 대한 약정을 두고 있지 않았을 때 운송인은 상법에 의한 면책이익을 향유할 수 없었다. 그러한 약정을 둔다고 하여도 운송인의 중과실 등이 있는 경우에 면책약정은 무효로 하고 있었기 때문에(제739조) 항해과실면책의 약정을 해도 무효가 될 가능성이 높았다. 이번 개정시 이 강행규정을 삭제했다. 그러므로, 약정으로 항해과실면책이 가능하게 되었다. 일본해운집회소에서는 이와 관련된 약정을 내항항해용선계약에 넣었다. 화재면책이나 해적행위로 인한 면책 등은 여전히 일본 COGSA에서 규정하고 있다(제3조 제2항, 제4조 제2항).

선박충돌

선박충돌만큼 많이 발생하는 해상사고도 없다. 우리 상법상의 선박충돌이 되면(우리 상법 제876조) 가해자는 책임제한을 할 수 있고, 물적 손해에 대하여 연대책임이 아니라 분할 책임을 진다(우리 상법 제879조 제1항). 충주호에서 발생한 선박충돌에는 민법이 적용되고 책임제한이라는 제도가 민법에는 없으므로 가해자는 피해자의 손해 전액을 지급해야 한다. 그러므로, 상법이 적용되는 선박충돌인지 아니면 민법이 적용되는 선박충돌인지가 중요하다.

일본은 선박충돌사고에 대하여 물적 손해에 대하여 분할책임이 아니라 연대책임을 인정하는 국가였다. 상법에 이에 대한 특별한 규정을 두지 않았기 때문에 민법의 공동불법행위법이 적용되었었다. 그러므로, 갑(화주 A)과 을(화주 B) 선박의 충돌에서, 50:50의 과실비율로 인한 사고로 화주 A가 손해 1억을 입은 경우에도 A는 갑에게 1억을 또한 을에게도 1억을 모두 청구할 수 있다. 갑은 지급하지 않았어야 할 책임 5천만원(5천만원은 항해과실면책)을 추가로 부담하는 것이 된다. 그런데, 일본은 이번 상법개정에서 1910년 충돌조약을 받아들여 연대책임에서 분할책임주의를 채택하게 되었다(상법 788조). 인적 손해에 대하여는 별도로 규정하지 않았기 때문에 여전히 민법의 연대책임이 적용된다고 해석된다.

개정 전에는 선박 사이의 충돌만 상법상의 충돌로 인정되었다. 그런데, 1910년 선박충돌조약의 입장을 받아들여 간접충돌도 충돌로 확대했다. 선박 옆을 지나가는 선박의 물결에 의하여 다른 선박 내에 있던 것이 손해를 입어도 선박충돌로 인한 손해로 인정된다(상법 제790조, 우리 상법 제876조 제2항).

소멸시효에도 변화가 일어났다. 1910년 조약의 입장을 받아들여 재산상의 손해에 대하여는 시효가 1년에서 2년으로 늘어났다(상법 789조). 이에 반하여 인명사상에 대한 손해는 조약의 2년 입장을 따르지 않고, 이것이 짧다고 보아 민법의 일반규정을 따르도록 했다. 그래서 개정민법에 따라 5년이다. 어느 경우에나 2년으로 하는 우리나라와 크게 달라지는 점이다(우리 상법 제881조). 일본은 1910년 국제충돌조약의 가입국이기 때문에 외국선박과의 충돌에는 조약이 적용되고 일본 상법은 국내선끼리의 선박충돌이나 일방이 비체약국인

경우에 된다는 점도 유의하자. (〈월간 해양한국〉 2020년 1월호)

5. 일본에서 활동하는 해기사와 물류인들

필자는 2004년 미국의 텍사스 대학에서 공부할 때 휴스턴에 들러서 해기사들과 교유한 다음 미국에서 활동 중인 해기사들에 대하여, 10년 후인 2014년 싱가포르 국립대학에 공부하면서 싱가포르와 자카르타에 거주하는 한국해기사출신들에 대하여 <해양한국>에 글을 남겼다(<부록 4> 참조). 이번에는 일본의 해기사들에 대하여 적는다.

우선 글의 제목이 "해기사"에서 "해기사와 물류인"으로 변경되었다. 2004년 미국에서는 물류분야에서 해기사들이 근무하는 것을 찾기는 아주 어려웠었다. 약 15년이 지난 지금 종합물류가 일상화되었고 여기에 우리 해기사와 물류인들이 세계로 진출했다. 동경에는 한국기업연합회 산하에 운송분과가 결성되어있었는데, 순수한 해기사들 보다는 물류인들이 더 많이 활동하고 있었다.

2000년대 해외근무 해기사들은 현지의 주재원으로 근무하다가 현지에 정착한 분들이 대부분이었다. 최근에는 일자리 자체를 찾아 현지에서 근무를 하는 젊은이들이 많다. MOL, IINO LINES 등의 선박관리회사에 감독으로 우리 젊은 해기사들이 많이 근무하고 있는 것이 큰 경향이었다.

동경에는 한국해양대 재동경 동문회(회장 이호승)와 한국기업연합회 산하 운송분과(회장 공강귀)가 두 축으로 존재한다.

선급, 선박등록업

가장 선배는 대우조선해양에서 오랫동안 근무한 경력이 있는 파나마 해사청 동경사무소의 테크니컬 오피서인 김효원씨(한해대 28기)

이다. 그는 파나마에 등록된 선박에 대한 기술적인 문제점을 해결해 주는 일을 한다. 선주들의 질문에 즉시 답을 해주면서 만족도를 높여주었고 그 결과 선복량이 늘었다는 후문이다.

실제로 동경 모임에서 가장 영향력이 있는 인사는 김종신 전 한국선급 회장대행(한해대 35기)이다. 그는 오랫동안 한국선급 동경 지사장을 지냈다. 한국선급의 존재감은 세계 어디에서나 느낄 수 있다. 필자도 해외를 여행할 때에는 언제나 한국선급의 지사가 현지에 있는지 먼저 확인한다. 혹시 있을지 모를 긴급 상황에 대비하기 위해서 한국선급의 검사원이 현지에 있다면 안심이 된다. 미국 뉴욕, 런던, 동경, 아테네 등에 출장을 갈 때 모두 한국선급의 직원이 있어서 심적으로 큰 안심이 되었다. 동경에서도 마찬가지였다. 한국선급의 이호승 소장(한해대 39기)이 최근 한국해양대 재동경 동문회 회장이 되었다. 백동훈 검사원(한해대 58기)이 동문회 총무를 맡고 있다. 이들은 한국선급에 가입한 선박들이 기항하는 경우 선박검사 업무를 행하고, 선박건조시 건조감독의 업무도 지원한다. 지금은 조금 시들해졌지만, 우리나라 실질 선주의 선박들이 일본에서 건조되는 경우도 있다. 이 때 한국선급에 가입하게 되면, 한국선급 일본 지사에서 건조검사부터 담당하게 된다. 시도상선이 그 좋은 예이다.

선주업 및 선박관리업

일본에는 이마바리의 쇼에이 기센, 닛센 해운, 도운기센 등 3대 선주회사를 포함하여 100여개의 선주사가 800여척의 외항상선을 소유하고 있다. NYK 등 대형회사들도 자신들의 선박을 보유하고 있다. 이런 외항선박이 약 1,600척이 된다. 자신들이 직접관리하기도 하고 전문선박관리회사에게 위탁하기도 한다. 따라서 일본에서는 선박관리가 활성화되어 있다. 이들 선주사들의 선박관리에 10여명의 한국 해기사들이 진출해있는 것으로 알려져 있다.

MOL LNG Transport Co. Ltd는 MOL의 LNG선박을 관리하는 회사인데 한진해운 기관장 출신의 윤일 감독(한해대 56기)이 있다. 정기환 운항감독(한해대 53기)도 있다. 화학약품운반선 14척을 관리하는 Dorval Ship Management K.K에는 윤준희씨(한국대 56기)가 공무감독(부장)으로, 박관주씨(한해대 55기)가 해무감독으로 일하고 있다. 박관주 감독은 해기사들이 선박관리회사로 진출할 수 있는 전형적인 길을 보여준다. 그는 선박관리회사인 Dorval에 선원을 공급하는 조광해운을 통해서 근무했다. 일본 본사(Dorval SC Tanker)에서 해무감독 추천이 들어와서 일본에 와서 일하게 되었다. 선박의 안전품질경영(ISM), PSC, 선원교육 등을 담당한다. IINO Marine Service Co., Ltd의 유조선 관리부에 박종환 공무감독(한해대 54기)이 있다. 기관장 경력 5년이다. 이성훈씨(한해대 56기)는 Drew Marine에 service engineer로서 제품관리 설명을 담당하는데 요코하마에서 근무한다. 검사 등 다양한 자문역 서비스를 제공하는 PacMarine Service 일본 법인에 강명호 선장(한해대 58기)이 있다. 아사히 탱커에서 감독을 하다 이적했다. 60기 신성화씨도 합류할 예정이다. 모두 40세를 전후한 해기사 출신들로서 약 10명 정도가 된다. 이 외에 Libera그룹의 Toyo기센에 근무하는 박승의 공무팀장(한해대 31기), Fuyo해운의 이은호 공무팀장(한해대 32기)도 있다고 한다.

일본하면 시도상선 이야기를 빼놓을 수 없다. 권혁 회장은 현대자동차에서 근무하다가, 일본에 법인을 만들면 저리로 선박금융을 일으켜 선박건조를 할 수 있다는 점에 착안하였다. 자동차 운반선을 중심으로 87척을 보유하고 있으며, 53척은 직접 관리하고 나머지는 아웃소싱하고 있다. 선박관리는 시도부산에서 한다. 동경사무소에 근무하는 김기석 부사장이 발군이다. 그는 와세다 대학을 나와 일본 문화와 해운에도 정통하여 일본에 초행인 사람들에게 큰 도움을 준다.

왼쪽부터 현대상선 일본 법인 서정령 대표, 시도상선 김기석 부사장, 필자

세계적인 선박관리회사인 Wilhelmsen Ship Management Japan에 근무하는 이상수 대표는 비해기사 출신인데, 한진해운에 근무하다가 일본에 와서 선박관리 사업을 확장하고 있다.

이와 같이 우리나라의 우수한 선장과 기관장들이 일본 선주사들의 회사에 감독으로 근무할 수 있는 기회가 많고 그 기회를 잡아 세계로 진출하는 사례가 많아지고 있다. 이는 일본은 원양상선의 해기사들의 배출이 거의 막힌 반면 선박관리에 대한 수요가 여전히 있기 때문이다. 과거에는 일본에서 선원송출에 대한 맨닝을 한국에 주게 되면 대리점이 선원의 관리를 해주었다. 선원의 고용계약을 도와주었던 것이다. 그 뒤 우리나라도 현대상선, 팬오션 등이 자신들의 자회사인 선박관리회사를 만들어 공무와 해무, 선원관리를 같이 했다. 이것이 발전하여 제3자로부터 선박 관리업을 맡은 경우도 있다. 우리나라 자체에서 선박관리업을 활성화하여 관리수수료 등의 수입을 올리는 전략과 더불어 해외의 선박관리회사에 근무하는 우리 해기사들의 숫자를 늘리는 전략도 중요할 것이다. 우리나라도 2020.1. 제2차 선박관리업산업 육성 기본계획을 수립한 바 있다.

해운회사

일본 동경에 주재하는 해운물류인의 대부분은 정기선사의 사람들이다. 이는 한일항로에 우리 정기선사들이 많이 영업을 하고 있기 때문이다. 현대상선에는 법인대표(전임 서정령, 후임 최기우)와 부장 1명(고지영)이 나와 있다. 고려해운(이상우), 장금상선(김주택), 흥아해운(이종영), 천경해운(강헌규), 남성해운(이상화), 동영해운(서명천), 동진상선(민석홍), 범주해운(유태연), 태영상선(박영수), 팬스타(산스타 이상원) 등의 지점장들이 있다. 태영상선의 박영안 사장의 동생인 박영수 사장이 다이에이라는 일본 현지 법인을 운영해왔고 해운분과 회장도 지냈다. 동영해운의 서명천 부회장도 오랜 일본현지생활로 일본해운에 대하여 누구보다 식견이 높다. 부산항만공사에서도 사람들이 나와 있다.

한국과 일본 사이의 정기선 영업은 우리 정기선사들만이 일본의 60여개 항구에 기항하면서 영업을 한다. 특히 동해에 면한 니이가타 등에서 나오는 화물은 우리나라 부산을 거쳐서 중국 등으로 향하는 것이 동경 항을 거쳐서 수출되는 것보다 더 비용이 저렴하다. 현대상선은 이제 The Alliance의 회원이 되어 동서항로의 일본에 직기항하게 되어 ONE, 머스크 등 기존의 일본시장의 강자들과 경쟁하게 되었다. 60여명의 직원이 있는 동경사무소에서 처리하는 물량이 연간 15만TEU에서 27만TEU로 증가된다. 현대상선은 매주 모선기항 2척에 지선에 1척을 투입하게 된다. 고려해운의 동경지점에서는 온라인 선적신청제도를 도입, 수백명의 화주고객들에게 발품을 팔아가면서 일일이 설명, 고객들의 신뢰를 얻어 매출증대를 가져왔다고 한다.

이외에 장금상선, 흥아해운, 남성해운, 동영해운, 동진상선, 태영상선 등 정기선사는 현지의 지점이 집화의 중심에 있으므로 법인장들은 컨테이너 박스 하나라도 더 집화하기 위하여 크게 노력하고 있는 점을 확인했다.

직접 만나지는 못했지만, 오사카와 부산을 오가는 팬스타의 할약도 기록해야 한다. 김현겸 회장은 오사카에 반은 기거하면서 사업을 확장해왔다. 부산과 일본을 오가는 많은 여객선사에서 근무하는 한국 해운물류인은 미처 만나보지 못했다.

한국해양대 재동경 동문회 회원들

한국기업연합회 운송분과 회원들

물류업

CJ 대한통운, 판토스(Pantos)가 동경에서 활동하는 대표적인 물류기업이다. CJ 대한통운은 CJ에서 수출하는 햇반 등의 물량이 많다. 판토스의 공강귀 동경지점장은 특이한 경력의 소유자이다. 인천 해사고를 졸업하고 상선에서 1년을 승선한 후 한국해양대학교 해운경영학과(91학번)를 졸업했다. 현재 일본에는 4곳에 75명이 근무하는데 동경에만 35명이 있다. 판토스의 연간 매출액은 약 4조 5천억원이었다. 해상운송이 64%를 차지한다. 일본에서의 매출은 2019년 약 609억원인데, 동경지점에서는 매출이 약 400억원이고, 그 중에서 해운매출은 300억원 정도이다. 현지의 법인들의 화물을 수주해야 하는 입장인데, 그 주요 경쟁상대는 긴데츠, 유센 로지스틱스이다. 기타 중소형 포워더들이 활동한다.

일본에서도 포워더로 알려진 물류기업들은 선하증권을 발행하는 운송인으로서의 기능을 하고 있었다. 이들은 화주로부터 운송물을 유치해서 자신이 선하증권을 발행하는 계약운송인이 되고, 이 화물을 현대상선, NYK, 양밍 등에게 운송위탁을 하게 된다. 전체 종합물류 서비스를 인수하기도 하고 하나의 해상운송 서비스만 인수하기도 한다. 일본에서도 포워더들은 운송주선업의 범위를 넘어서 계약운송인으로 활동하고 있음을 알 수 있었다.

맺으며

해운업과 물류업은 국제적인 산업이기 때문에 국경이 없다. 우리나라 사람들은 진취성이 충만하다. 우리나라 해운업이 어렵기 때문에 젊은 해운인, 물류인들이 해외로 진출하는 사례들이 점차 늘고 있다. 특히 해기사들은 선박관리업무에 장기가 있고 일본에서는 상대적으로 전문인력을 찾기 어렵기 때문에 우리 해기사들에 대한 수요가 앞으로 더 많아질 것으로 판단된다. 특히, 일본은 2,500여척의 선박을 보유하는 국가이므로 선주사들의 선박관리수요가 엄청나다고 생각된다. 우리 젊은 해기사들의 일본 진출을 기대한다.

해운을 포함한 물류산업을 위하여 동경 등에 현지법인을 만들었다. 여기에 우리 해운 전문가들이 근무한다. 이들은 비해기사 출신들로서 관리직이다. 매출증대를 위하여 노력하는 이들의 모습들이 우리 해운물류산업의 미래를 밝게 했다. (〈월간 해양한국〉 2020년 3월호)

제 2 장

일본 해운 · 조선 · 물류산업 깊이읽기

1. 나의 지리적, 인적, 학문적 지평의 확대과정

교수에게는 3년 근무에 6개월씩 안식학기가 주어진다. 작년 11월 동경대 법대로 안식학기를 보낼 곳이 결정이 났다. 한일관계가 좋지 않아서 망설였지만, 이미 정하여진 것을 되돌릴 수 없었다. 한중일간의 해상법의 교류는 고려대, 와세다대, 대련해사대학을 중심으로 오래 지속되어 왔고 앞으로도 지속되어한다. 9월 1일 여기에 와서 정착한지도 보름이 지났다. 하네다공항에 도착하여 기차를 두 번 갈아타고 도다이마에(東大前)역 바로 앞에 있는 오이와께(追分) 외국인 기숙사에 들었다. 아침은 사먹는다. 건강식품이라는 낫또에 맛을 들여 매일 낫또 정식을 먹는다. 지도교수에게 인사도 하고 연구실도 배당을 받았다. 조금 익숙해지자, 나는 주위를 둘러보기로 했다.

기숙사를 중심으로 북쪽으로 500미터에 아침식사를 하는 곳을 찾았다. 두 번 세 번을 가니 그 식당은 완전히 익숙해졌다. 북쪽으로 더 올라가보기로 했다. 책방을 오른쪽으로 끼고 돌아가니 동양대학(東洋大學)이라는 제법 큰 캠퍼스가 나왔다. 오른쪽으로 작지만 아기자기한 식당들이 나타났다. 이태리 식당, 일식집, 내가 좋아하는 튀김집 등이 있다. 더 걸어 올라갔다. 한참을 걸으니, 갑자기 걱정이 된다. 돌아갈 수 있을까 길을 잃지 않을까 걱정이 앞선다. 책방을 찾고, 아침을 먹는 식당을 거치고 우회전해서 대로를 따라 내려가면 나의 거처인 기숙사가 나올 것이다. 그 길이 선명하게 머리에 떠오른다. 안도가 된다. 5분 정도 더 걸어 올라갔다가 다시 되돌아 나왔다. 이정표가 된 그 책방을 찾고 나니 안심이 되었다. 문제없이 기숙사에 돌아왔다.

동경대 법대 교정의 단풍나무

도서관의 일본해법회지

일요일에는 저녁 무렵 남쪽으로 걸어보았다. 동경대의 정문이 세 개나 나온다. 왼쪽의 아까몬(赤門)을 끼고 더 내려갔다. 전철역까지 가 보았다. 북쪽은 조용한 교육의 마을 같다면 남쪽은 번화가이다. 상권이 형성되어 있다. 식당도 고급이다. 종류도 다양하다. 정문 앞에 있던, 법률서적 쥬리스트를 발간하던 출판사 유비각(有斐閣)이 없어져버렸다. 과거에 동경대에 올 때에는 유비각이 이정표가 되었었다. 유비각 바로 앞에 있는 정문으로 들어가야 바로 법대가 나온다. 좋은 이정표를 하나 잃어버렸다. 다른 이정표를 찾아야 할 부담이 생겼다. 다리가 아플 정도로 걸었다. 갑자기 어둠이 내려서 캄캄한 길을 걷고 있음을 인지하게 되었다. 길을 나설 때 보아두었던 이정표들이 어두워서 보이지 않는다. 두려움이 앞선다. 바로 뒤로 돌아섰다. 다행히 정문을 확인하고 전철역을 지나니 길을 잃지 않았구나 안심이 되었다. 옆에 제자 한명이라도 있었으면 이런 불안감은 없을 터인데. 무사히 숙소로 돌아왔다.

다음 주에 왔던 북쪽 길을 더 걸어서 한 블록을 더 걸어 올라갔다. 지난 번에 찾아두었던 식당을 다시 확인했다. 돌아오는 길에 불현 듯 어떤 생각이 스치고 지나갔다. “아, 현재 내가 하는 일이 동경대에 정착하여 6개월 있으면서 시간적, 공간적, 인적, 학문적 활동범위를 넓혀가는 첫 걸음이라는 것, 사람의 삶의 과정은 이러한 시공간의 확대의 과정으로 가득 채워지는구나” 하는 생각이 들었다.

나는 축산항(丑山港)이라는 조그만 어촌에서 태어났다. 내가 아는 인식의 범위는 내가 태어난 축산항 우리 집 마당에 머물렀다. 아버지, 어머니, 할아버지, 할머니, 형 그리고 동생들이 나의 인식의 전부였다. 할아버지 손을 잡고 염장이라는 곳에 제사를 모시러 가면서 2킬로미터 떨어진 동네를 알게 되고 거기에 우리 일가들이 많이 산다는 것을 알게 되었다. 나의 인식의 범위는 친가 직계가족에서 일가로 넓어졌다. 초등학교에 들어가면서 동급생 아이들을 알게 되었다. 친구들과 산천을 뛰어놀면서 축산항 전체를 알게 되었다. 영덕 외가에 가서 방학을 보내면서부터 달산에 있는 외가집과 외가식구들로 인식의 범위가 확대되었다.

중학교는 영해라는 곳으로 갔다. 아침 조회를 하는데 엄청나게 많은 학생들과 선생님들이 모였다. 1반에 들어갔는데, 60명의 학생들은 처음 보는 아이들이라 서먹서먹했다. 곧장 친구가 되면서 영해중학교 동급생들을 대개 알게 되었다. 애들과 영해시장을 돌아다니면서 영해라는 곳을 조금씩 더 알게 되었다. 중학교를 졸업할 때 나의 지리적 인식의 범위는 축산항이라는 곳에서 영해로 확장되었었다. 영해고등학교를 거쳐서 부산 소재 한국해양대학에 진학하면서, 나의 영역은 더 넓어졌다. 전국 각지에서 온 동기생들을 만나게 되었다. 각 지역의 이야기를 들을 기회가 많아졌다. 인구 1,000명 동네에서 태어나 인구 300만명이 사는 부산사람이 된 것이었다.

졸업을 하고 송출을 하여 선박회사에 들어가 출국을 했다. 아랍에미레이트의 코랄파칸에서 승선한 선박은 사우디아라비아의 얀부와 제다, 라스타누라를 다녔다. 아랍의 무미건조한 풍경을 체득했다. 다음 배부터는 정말 세계 여러 곳을 헤집고 다녔다. 대만에서 북구 노르웨이까지 장장 50일 항해를 했다. 중간에 테네레페라는 곳에 잠깐 기항했다. 그 뒤로 미국 동부, 서부, 캐나다, 로테르담, 일본 및 중국의 여러 항구들 .... 태평양 횡단항해, 대서양항해 이렇게 오대

양 종단항해를 거쳐 호주에 도착하기도 했다. 지구의 남단 아프리카의 희망봉을 돌아서 항해했고, 다시 남미의 최남단인 마젤란 해협도 항해해보았다. 이렇듯 나의 공간적 인식과 행동반경은 말할 수 없을 정도로 엄청나게 넓어졌다. 선원이 된 덕분이다.

선장을 그만두고 고려대 대학원에 들어왔다. 꼭 뵙고 싶었던, 책에서나 뵐 수 있었던 훌륭한 선생님들로부터 법학을 배우게 되었다. 나의 인적 인식의 범위가 크게 확대되는 계기가 되었다. 연구실의 원생들과 한 식구가 되면서 인적 네트워크가 넓어져갔다. 김&장 법률사무소에 초빙되었다. 120명의 프로페셔널과 차츰 안면을 익히게 되었다. 나를 제외한 모든 프로페셔널이 서울대 출신이었다. 고등학교 다닐 때는 상상하지 못한 일이다. 최고의 실력과 명성을 가진 법조인을 많이 알게 된 계기가 되었다.

그리고 박사학위를 받고 40살에 선생이 되었다. 그렇게 낯설었던 호남땅 목포에 내려가서 교편을 잡았다. 서울과 목포를 주말에 오갔지만, 호남의 음식, 예술, 사람들을 많이 알게 되었다. 태생으로부터 얻은 영남이라는 지리적 한계를 극복하고 호남을 경험하는 계기가 되었다. 오늘에 이르기까지 20년을 교편을 잡았으니 수많은 제자들을 만났다. 그리고 그 가운데에 좋아하는 제자들, 나를 따르는 제자들도 몇 있다. 고려대에 정착하면서 본격적인 제자 기르기에 나섰다. 그 결과 10년 동안 자식과 같은 친밀감을 느끼는 제자 50여명이 주위에 있다.

해운업계와 고향의 발전을 위하여 이런 저런 일을 하다보니, 인적 지평이 많이 넓어졌다. 해운업계의 사람들을 알게되는 것은 자연스런 일이었다. 선박건조 및 선박금융법 연구회를 결성하여 근 10년 동안 회장으로 활동하니 이 분야에 인적 범위가 확대되었다. 고향의 발전을 위하여 동문회, 영덕학사 등의 일을 하다보니, 영덕 분들도 많이 알게 되었다. 최근에는 페이스북과 밴드 등을 통하여 공간의 확대, 인적 범위의 확대도 급속도로 이루어지는 것 같다.

이와 같이 60년 동안 시간적, 공간적 인식의 범위 그리고 인적 교류의 범위의 확대가 점진적으로 조심스러운 가운데 이루어져왔음을 깨닫게 된다. 삶 자체가 이런 시간적 공간적 인적 인식과 교류의 확대과정인 것처럼 느껴진다. 유년시절 축산항, 영해를 벗어나지 못했던 나를 현재의 크게 확장된 공간에서 다양한 인적 교류를 하고 있는 나와 비교해보면 그야말로 상전벽해(桑田碧海)이다.

그러면 과연 어떤 과정을 거치면서 이런 확대가 이루어났는지 생각해본다. 처음에는 모든 것이 조심스럽다. 위험하지 않을까, 우리 집까지 과연 돌아갈 수 있을까....할아버지 어머니 손을 놓고 혼자서 멀리가도 충분히 집으로 돌아올 수 있을까, 길을 잃지는 않을까? 불안감과 두려움을 가지면서 조심스럽게 한발 한발 내딛게 되었다. 학년을 올라가면서 반이 바뀔 때에도 새로운 친구들과 잘 사귈 수 있을까 걱정되고, 반이 바뀌지 않았으면 하고 원했다. 특히, 직장을 옮기고 새로운 집단에 들어갈 때는 더더욱 조심스러웠다. 우연히도 나는 신천지를 개척하는 사람마냥 선배나 친구들이 없는 직장을 찾아다닌 것처럼 되었으니... 그렇지만, 나는 견디어내었고 해내었다. 새로운 것에 대한 두려움보다 탐구심이 더 강했나보다.

문득, 이번 스페인 여행에서 읽은 글귀가 생각난다. 1492년 콜럼브스가 신대륙을 발견하기 전까지 지중해의 사람들은 스페인의 끝단에 있는 지브롤터까지만 항해할 수 있다고 믿었다는 것이다. 여기를 벗어나는 순간 천길 낭떠러지에 떨어지고 만다고 믿었다. 먼바다는 두려움의 대상이었다. 인류문명이 생기고 나서 2,000년 동안을 이런 좁은 인식의 폭 속에서 사람들은 살아왔다. 그런데, 동양에는 금은보화가 가득하다는 말들이 돌았고, 동방에서 사람들이 오고갔다. 이에 용기있는 자들이 그 잘못된 믿음을 깨트리고자 항해를 감행했다. 그리고 지브롤터를 벗어나도 낭떠러지가 없음을 알게 되었다. 동쪽으로 가면 인도가 나온다는 믿음을 가지고 콜럼버스는 항해했고, 드디어 서인도 제도에 도달하였다. 또 어떤 용감한 자는 북으로 올라가서 동쪽으로 가면 인도가 나온다고 믿었다. 북쪽으로 북쪽으로 올라가 보았다.

이와 같은 대항해시대의 선각자들의 개척정신에 힘입어 이 지구는 신비에서 벗겨져 누구나가 현재 그 크기와 위치를 알게 되었다. 처음에는 조심스럽게 목숨을 내어놓고 한발짝 한발짝 앞으로 나아가면서 인식의 지평을 넓혀갔던 것이다. 그 과정에서 많은 사람들이 운명을 달리했다. 그렇지만 결과는 긍정적이었다. 그로 인하여 시장개척이 이루어졌고, 교역은 확대되었으며 결국 인류번영의 길이 열리게 되었다.

미지의 세계에 아예 겁을 먹고 도전하지 않는 사람들이 대부분이었다. 그렇지만 미지의 세계에 도전한 사람들이 있었고, 그 도전한 사람들 덕분에 오늘날 발전된 인류의 문명이 있게 되었다. 개인적인 인간의 삶이지만, 정착한 곳에서 하나씩 지리적, 인적 교류를 넓히는 과정을 거치게 된다는 것, 그렇게 하면서 성장하고 지식을 습득하고 창조적인 생산을 해낸다는 것, 이런 것들이 모여 집단 지성이 되어 이 사회는 발전하게 된다. 그리고 그 선배는 이 사회에서의 역할을 다하고 후배들에게 바통을 넘기고 이 땅에서 사라진다. 그렇지만 그가 남긴 것들은 하나씩 이 땅에 축적이 된다. 이 땅을 살다간 수 많은 사람들의 미지에 대한 동경과 그에 대한 탐구심의 집합과 축적이 바로 오늘의 인류문명의 발전을 가져왔다고 생각된다.

최근 진행되고 있는 나의 일본 동경에서의 새로운 것에 대한 조심스런 진전이 지리적인 범위를 넘어서, 인적 네트워크의 확장, 그리고 학문적인 범위에 이르기까지 폭넓게 진행되어 조금이라도 우리 사회, 특히 학계에 기여할 수 있었으면 한다. 그 도전은 바로 내가 하는 것이니 그렇게 어려운 일은 아닐 것이다. 어제 국내 해운회사의 현지대표와 국제적 선박관리회사의 담당자와 점심 저녁을 같이하면서 우리나라와 일본의 해운산업에 대하여 배웠다. 오늘은 와세다 대학교 법과대학의 해상법 교수와 상과대학대의 해상보험법 교수와 점심 저녁을 같이 하게 되어 있다. 인적 학문적 영역의 확대의 기회가 될 것이라서 기대가 된다.

(〈한국해운신문〉 2019년 9월 19일, 동경대에서)

2. 정기선운항에서 항해달성에는 정시 배달도 포함되어야

안식학기가 좋기는 좋다. 점심이나 저녁 약속이 없으니 시간을 내어 몇 시간이고 책을 읽을 수 있다. 9월 중순의 어느 날 와세다 대학의 하코이(箱井) 선생의 「현대해상법」을 읽기 시작했다.

아침녘에 읽은 초반부, 해상법 존재의 이유에 대한 설명이 나의 폐부에 깊숙이 박혀 하루 종일 나의 머리를 떠나지 않는다. 왜 이런 생각을 내가 하지 못했는지 반성이 된다. 역시 일본의 해상법은 뿌리가 깊구나. 하코이 선생에 따르면, 해상법은 위험한 바다를 항해하는 선박이 항해를 완료하도록 하기 위하여 존재하기 시작하였고 부차적으로 선박이 항해에 실패하여 화물이 손상되는 경우, 그 처리에 대하여 규정하였다. 그 예로서 선박은 출항전 감항성을 갖출 의무를 운송인에게 부과하고 있다는 것이다.

범선시대에 해상법은 항해를 시작한 선박이 항해를 완성할 수 있도록 도와줄 목적을 가진 것은 분명하다. 항해를 완수한다는 것은 선박 자체가 안전하게 목적항에 도착한다는 의미이다. 선박은 화물의 운송을 목적으로 하므로, 화물도 안전하게 목적항에 도착해야 한다는 의미도 포함되어 있다.

정기선의 경우

내가 하코이 선생의 글에 충격을 받은 이유는, 이러한 대명제가 오늘날 정기선 운항에도 적용되는 원칙이어야 하고 그런 명제하에서 우리나라의 현실을 되돌아 보았을 때 얻는 결론 때문이다. 현대의 정기선운항은 어떠해야 하는가? 정기선운항은 정해진 장소와 시간에 화물을 화주에게 배달하여 주겠다는 약속을 운송인이 한 것이다. 그래서 운송인은 안전하게 목적항에 도착하여야 하는 기본적인 의무에 더하여 정한 시간과 장소에서 화물이 화주에게 배달되도록 해주어야 한다. 해상법은 여기에 기여하도록 만들어지고 운용되어야 한다.

한진해운 사태와 같이 운송물이 항구에 도착하더라도 하역을 하지 못하여 인도가 지연된다면 이는 운송인으로서의 의무를 다하지 못한 것이 되는바, 해상법은 이러한 물류대란 사태를 방지할 수 있는 제도를 두었어야 한다.

지금까지 해상법은 이러한 경우 손해배상으로 처리를 해왔다. 해상법은 손해배상 이외의 구제수단이나 예방수단을 가지고 있지 않다. 이제는 정기선 운항의 공익성 및 공공성에 비추어 정시배달이 반드시 이루어지는 법제도를 확보할 필요가 있다.

과거와 달리 해상운송이 해상운송구간만의 운송으로 존재하는 것이 아니다. 운송인은 복합운송을 인수하고, 나아가 물류계약을 체결하게 되었다. 복합운송의 경우 운송인은 육상의 화주의 창고에까지 화물을 배달해줄 것을 약속한 것이다. 최근 활발한 물류계약의 경우 물류회사(운송인)는 운송뿐만 아니라, 포장업무, 창고업무, 통관업무도 이행할 것을 약속한 것이다. 그러므로, 해상법은 과거보다 확장된 운송인의 추가적인 의무들이 잘 이행될 수 있도록 관련제도를 마련하여 운용해야 한다.

정기선사

해상법의 목적이 이러하다는 것은 관련당사자들은 이러한 의무를 준수해야 한다는 것을 의미한다. 어떠한 일이 있더라도 항해는 완수하여 자신이 약속했던 화물을 화주에게 배달해줄 의무를 이행하도록 해야 한다. 지금까지는 이행을 하지 못하면 채무불이행책임을 물었고, 채권자를 원래 있었던 자리로 되돌리는 것에 해상법의 기능을 다하는 것으로 보았다. 그렇지만, 정기선 운송의 경우 손해배상의 문제로 끝나는 것이 아니다. 정기선의 운항은 국제무역에서 물류의 흐름의 일부를 담당하는 것이므로, 처음부터 이러한 배달실패가 발생하지 않도록 하는 것에 초점을 둘 필요가 있다.

한진해운 사태를 되돌아보면, 우리는 해상법의 목적이 출항한 선박이 안전하게 목적항에 도착하는 것에 초점을 맞추었고, 잘 실행되었다. 그렇지만, 화물을 안전하게 정시에 화주의 손에 배달해주는 것에 실패했음을 알 수 있다.

정기선운송의 목적과 특성을 제대로 파악하지 못한 결과, 해상법에 정기선 운송인의 의무가 제대로 이행될 수 있는 방안을 반영하고 실행하지 못한 것이다. 무엇보다 한진해운의 경영진이 이런 정기선운항에서 자신들이 약속을 지켜야 한다는 자세가 부족했다고 판단된다. 그렇지 않았다면 아무런 준비없이 불쑥 회생절차개시신청을 하지 않았을 것이다. 해상법도 마찬가지로 그런 정기선 운송인의 확대된 의무와 이행을 확보하는 법제도를 가지고 있지 않았다.

정기선영업을 시작할 때부터 혹시 회생절차에 들어가면 화주로부터 받은 화물을 어떻게 정시에 배달해줄 것인지 계획이 세워졌어야 한다. 한진해운이 위태롭다고 할 때, 걱정만 했을 뿐이지 실제로 회생절차에 들어가면 사태를 어떻게 극복해야 할지 제대로 된 대책이 해운산업전체에서 미리 세워지지 못했다.

이 점에서 하코이 선생이 말한 해상법의 기본 목적을 다시 음미해보아야 한다. 범선시대에 항해를 완수하기 위하여 많은 노력들이 기울여졌다. 안전한 항로를 개척하고, 더 큰 선박을 만들고, 철선을 만들고, 보험제도를 만들고, 책임제한제도를 만들고....등등 선배들의 노력으로 오늘의 해운이 존재한다.

정기선운항 즉, 컨테이너를 중심으로 하는 개품운송이 나타난지 40년이 되었어도 정기선이라는 그 특질에 맞춘 해상법의 목적을 해상법 학자들은 물론이고 정기선사인 한진해운도 생각하지 않았다. 15년전 조양상선이라는 정기선사의 파산이 있었지만, 교훈을 얻지 못한 것은 너무나 뼈아프다. 우리는 한진해운 사태에서 충분한 교훈을 얻었고 다시는 재발하지 않을 대책을 세웠는가? 지금도 우리나라 정기선사는 어렵다. 힘든 영업을 지속하고 있다. 자체의 무역규모가 크기 때문에 우리나라가 정기선영업을 포기할 수 없다. 다시 일어나야한다. 그 출발점은 국내외 화주로부터의 우리 정기선사에 대한 신뢰회복이다. 그 신뢰회복은 정기선사가 자신이 운송인으로서 화주에 대하여 어떠한 의무를 부담하는지 재확인하고, 그 의무를 100% 실행하는 것에서부터 출발해야 한다.

화물이 지연되면 손해배상을 해주면 된다는 생각에서 벗어나서 시야를 더 넓혀야 한다. 정시 정각에 약속한 대로 화주의 손에 화물을 반드시 배달해주고, 회생절차에 들어가는 경우도 마찬가지 배달이 제도적으로 보장되었음을 보여주어야 한다. 상법의 해상편은 물론, 해운법, 채무자회생법 등에 이를 보장하는 각종 제도를 만들어야 한다. 무엇보다 관련당사자들이 약정으로 자발적으로 이런 제도를 확보하는 것이 최우선이다.

첫째, 사적 제도로는 동료 운송인들이 품앗이를 해주는 것이다. 일본의 정기 3사인 NYK, MOL, K Line이 THE ONE으로 통합되어 가입한 The Alliance가 취한 입장이다. 동일한 회원 중 한 회사가 마지막 항차에 대한 운송을 제대로 하지 못하면 다른 회원사들이 공동으로 이를 처리해준다는 것이다. 얼라이언스에 가입하지 못하는 선사는 이를 활용하지 못하는 문제점이 있다. 운송물이 정시에 도착하지 못할 상태가 발생한 경우, 정시배달을 위한 수단을 운송인이 화주에게 약속하는 약정이 체결될 수 있을 것이다. 얼라이언스에 가입된 선박은 다른 회원사가 그 일을 대신하기로 약정되어 있으므로 이를 제출하면 될 것이다(The Alliance의 경우).

둘째, 정기선사의 등록 혹은 면허요건에 채무자가 경제사정이 나빠서 채무자회생에 들어가는 경우에 마지막 항차의 처리는 어떻게 보장할 것인지 방안을 제출하도록 하는 방안도 있다. 법률에서 보증보험의 가입이나, 공제에 가입할 것으로 요건으로 할 수 있을 것이다. 이에 맞추어 국내 정기선사 모두가 기금을 만들어서 요건을 충족할 수 있을 것이다.

셋째, 정기선 운항은 전 세계적으로 일어나는 무역의 수단이기 때문에 정기선운항에서 운송인의 의무로 강하게 인식된다면, 손해배상의 문제를 넘어서 국제적인 제도보장을 해야 한다. 국제조약으로 이러한 의무를 부과하고 보장장치가 없다면 입항이 거부되도록 하면 될 것이다. 유류오염손해배상국제조약(CLC)과 유류오염손해배상보장기금(IOPC FUND)이 좋은 예가 될 것이다.

화 주

"출항한 선박은 항해를 완수해야한다"거나, "정기선운항에서는 배달까지 보장되어야 한다"와 같은 것은 운송인에게는 절대적 명제이다. 그런데 그 이행은 운송인만의 힘으로는 할 수 없는 것이고, 화주가 같이 해나가야 할 것이다. 항해의 완수는 화주를 위한 것이고 화주는 이에 대한 정당한 몫을 운송인에게 지급해야한다. 그가 지급하는 운임은 운송인의 항해 완수를 위한 자금으로 사용된다.

즉, 운임은 항해완수를 위한 원천이 되는 것이다. 운송인은 수령한 운임으로 선박과 선원을 장만하여 위험을 무릅쓰고 화물을 안전하게 운송하여준다. 이런 관점에서 바라 볼 때 공동해손(general average)제도가 잘 이해된다. 해상위험으로 선박을 구하기 위하여 선장이 어떤 화물을 바다에 투하한 경우 그 손해에 대하여 선주와 화주들은 공동으로 그 위험입은 자를 보상해주는 제도가 바로 공동해손제도이다. 선주(운송인)와 화주는 운명 위험공동체라는 확고한 인식하에서 탄생되고 유지되는 제도이다.

선박의 건조, 용선에 비용이 발생하고, 우수한 선원을 채용하기 위한 비용이 또 발생한다. 선박이 목적하는 항구 사이를 운항하는데 적자를 보지 않고 회사가 살아남기 위하여 수령해야 할 최저의 컨테이너당 운송비용(운임)이 계산될 수 있다. 적어도 이러한 댓가가 운임으로 보장되어야 운송인은 화주에게 화물을 안정적으로 전달할 수가 있다. 그렇지 않다면 그 회사는 곧 도산되고 말 것이다. 이와 같이 항해를 완수함에 있어서는 이런 적정 운임의 수령이 전제되어 있는 것이다.

그럼에도 불구하고, 현실은 그렇지 못하다. 한국의 정기선사와 한국의 화주만 존재한다면 이런 적정운임의 보장은 가능할 것이다. 그러나, 정기선시장은 세계에 모두 활짝 열려있는 시장이다. 한국의 정기선사보다 외국 정기선사의 운임이 싸게 되면 화주는 그 외국선사에 화물운송을 위탁하게 되는 것이다. 후발주자는 컨테이너 박스당 비용이 상대적으로 많이 나올 수 밖에 없다. 경우에 따라서는 선두주자는 경쟁사들을 견제하고자 운임덤핑을 할 수도 있다.

이러한 경우에 경쟁력이 떨어지는 우리 정기선사가 선두주자와 동일한 운임을 받게 되면 비용지출이 운임수입보다 많아서 적자가 되고, 결국 회사의 재정상태는 어려워지고, 회생절차에 들어가고 항해를 완수할 수가 없게 되는 것이다. 그렇다고 하여 운송인이 자신이 생각하는 계산된 적정운임을 시장에 요구하는 것도 대단히 어렵다. 이러한 경우 고객인 화주로부터 선택받지 못하게 됨은 자명하다.

이러한 시장 실패의 경우 해상법은 어떻게 할 것인가? 과연 정기선시장에서 정기선사들이 모두 동일한 100미터 달리기 선상에 있는 것인가? 불행하게도 우리 정기선사는 1990년대~2000년대를 지나면서 경쟁력을 잃었다. 100미터 출발선상에서 우리 선사들은 한참 뒤쳐져있다. 이를 어떻게 보전해줄 것인가? 많은 해운인들의 관심사이고, 정부나 학계나 업계나 모두 안타까운 심정이다. 경쟁력을 갖추도록 하는 방법이 다양하게 있을 것이다.

국제경쟁 시장에서 어느 정도의 경쟁력을 갖추도록 하기 위하여 우리 화주들은 일정한 분량의 화물을 우리 정기선사에게 몰아주어야 한다. 화주들이 추가로 부담하게 되는 운임의 차액은 어떤 형식으로든지 보전이 되어야 할 것이다. 톤세 제도의 적용이나 법인세의 감면 등의 방법도 가능할 것이다. 또한 정기선사 자체는 끊임없는 혁신을 일으켜 국제경쟁력을 갖추도록 해야 한다. 경기가 좋을 때 운임을 왕창 올려서 수입을 얻으려고 하지 말고 항상 일정한 운임률로 지속가능한 정기선운항이 되도록 해야 할 것이다. 이러한 제도적인 장치들은 상법 해상편이나 해운법, 그리고 채무자 회생법을 통하여 달성되어질 수 있다. 남의 식구들에게 도움을 청할 수는 없다. 같은 식구들에게서 도움을 받아야 한다.

첫째, 서비스계약(service contract)과 같은 장기운송계약을 체결하여 운송인과 화주 사이를 공고히 해야 한다. 장기운송계약을 사용하는 화주와 운송인에게 우수선화주제도의 혜택을 준다. 서비스계약에서는 운송인은 자신이 누리는 포장당 책임제한과 같은 제도의 주장을 포기하고 장기운송계약을 더 확보할 수 있을 것이다.

둘째, 컨테이너 박스를 일정 기간 내에 반납할 의무를 수하인은 부담하고, 그렇지 않다면 수하인은 지연비용을 운송인에게 기꺼이 지급해야 한다는 규정을 상법에 규정한다.

셋째, 상법상 2자 물류회사는 계약운송인으로서 의무와 권리를 행사하고 있다. 여기에 더하여 상법상 총체적 책임제한의 당사자로 인정하여 대형사고시 책임을 제한하여 보호해야 한다. 2자 물류회사는 계약운송인으로서의 지위와 화주로서의 지위를 동시에 가진다. 그런데, 해운법은 화주로서의 지위만 파악하고 있다. 해운법에 2자 물류회사를 무선박화물운송사업자(NVOCC)로 규정하고, 실제운송인과 계약시 국적 정기선사에 일정량 이상의 물량을 확보해줄 의무를 부과한다. 이와 동시에 톤세 제도나 법인세 감면 등 세재상의 혜택을 주어 이들이 국제적인 3자물류 회사로 성장하도록 도와준다. 그리고, 이들도 해상기업의 일원으로 인정하여 이들의 해상운임매출을 해운산업의 매출에 포함시켜야 한다.

금융회사

우리나라 선사가 운항하는 선박의 80% 정도는 국적취득조건부나용선(선체용선, BBCHP)선박이다. 용선자가 자신이 소유자가 되면서 대출로 선박을 보유해야 할 것을, 금융회사가 대출자금의 확실한 회수를 위하여 해외에 선박소유자인 특수목적회사(SPC)를 세워서 금융회사—SPC—BBCHP 이렇게 3자 관계를 형성하게 된다. BBCHP 선박에는 (i) 금융회사—SPC 사이의 대출계약이 있고, (ii) 선박소유자(SPC)와 BBCHP 사이의 나용선(선체용선)계약이 존재한다. 선박의 건조자금은 SPC가 빌리지만 사실은 BBCHP가 빌리는 것으로 볼 수도 있다. BBCHP가 지급한 용선료는 SPC를 경유하여 바로 금융회사의 대출금 회수로 전액 들어간다. 나용선(선체용선)계약이 해지되면 곧바로 대출계약도 해지된다.

선박금융에 들어가는 이자는 원금의 5%에서 7%에 이르는 것(결국 분할지급되는 용선료임)으로 알려졌다. 앞에서 본 바와 같이 이 이자는 화주의 운임에서 지급되어야 할 금전이다. 용선료가 떨어지거나 운임이 떨어지면, BBCHP(운송인)는 금융채무를 제때에 변제하지 못하게 된다. 금융회사는 금융계약을 해지하고 선박에 대한 회수에 들어간다. 회생절차신청과 즉시, 혹은 개시 이후에도 금융채무를 변제하지 못하는 경우 선박금융대출계약에 따라 금융회사가 채권자로서 선박을 회수해가면 그 회사는 파산에 이를 것이다. 이러한 경우들(금융회사가 저당권자로서 선박에 대한 강제집행에 들어가는 경우도 포함)이 발생하면, 개별항해는 물론 운송인의 전체 항해에 영향을 미쳐 항해가 완성되지 못하고 화물의 정시배달은 달성되지 못한다.

금융회사의 해지와 선박환수가 계약에 따른 정당한 것임은 물론이다. 이러한 경우 금융회사는 일정한 기간 동안의 유예기간을 채무자인 BBCHP(용선자, 운송인)에게 부여하는 것이 항해완성이라는 큰 대의를 달성하는 데에 도움이 된다. 채무자 회생법도 이러한 방향으로 변경되어야 할 것으로 본다. 채무자회생절차가 개시된 경우(가능하다면 포괄적 금지명령이 내린 시점부터) 관리인이 BBCHP선박에 대한 처리를 할 수 있도록 일정기간 동안(예컨대, 15일 혹은 1개월)은 해지를 하지 않고 강제집행도 하지 않는 것이 바람직하다.

BBCHP계약상 용선료 채권은 금융회사로 양도되어 있다. 용선자가 지급하는 용선료가 바로 금융채권의 할부금이 된다. 그러므로 용선자가 화주로부터 수령하는 운임은 금융회사가 수령하는 할부금과 결부되게 되어 있다. 또한 BBCHP선박의 소유자인 SPC는 가공의 회사이고, 금융회사와 용선자가 실제로는 용선기간의 진행에 따라 선박에 대한 실질적인 선가의 몫을 나누어 가지는 구조이다. 그리고 이 선박은 정기선운항에 사용될 것은 모두 인정한 상태이다. 마치 이익을 서로 나누어 갖는 구조이다. 그렇기 때문에 정기선운송의 정시배달에 금융회사도 이해관계를 가진다고 보아야 한다. 선박이 없으면 정기선 운항은 이루어질 수 없는 것이므로 선박금융의 조달은 그만큼 화주에게도 운송인에게도 소중한 존재이다. 항해의 달성을 위하여 금융회사는 선박을 대출금 환수를 위한 담보의 수단으로만 볼 것이 아니라 정기선운항의 한 주체로서 시야를 넓힐 필요가 있다. 금융회사에게 대출금에 대한 이자만 지급할 것이 아니라 정기선사의 경영의 수익도 그와 같이 나누어 가지는 방법을 모색할 필요도 있을 것이다.

이제부터라도 한국 해운은 특히 정기선운항에 있어서는 전통적인 항해의 완수에 추가하여 정시배달이라는 목표를 세우고 실행해야 하고, 해상법도 이를 달성하기 위하여 운송인과 화주를 규율하기도 하고 조장하기도 해야 할 것이다. 운송인은 최적의 항해와 배달제도를 구축해야 하고, 화주도 이에 상응하는 운임을 기꺼이 제공해야할 것이다. 선박금융회사도 항해의 완성과 정시배달의 목적을 달성하기 위하여 협조적인 자세를 취할 필요가 있다고 할 것이다.

(《한국해운신문》, 2019년 10월 2일, 동경대에서)

3. 일본의 船主社(owner)와 運航社(operator) 분리제도

오랫동안 궁금했다. 일본에서 공부하고 연구한 한종길 교수 등은 우리나라 해상기업들의 선박보유 패턴이 잘못되었다고 지적했다. 모두 선주사가 되기를 원해서 선박을 소유하게 되는데, 불경기가 와서 운임수입이 줄어들면, 빌린 돈을 갚기에 급급하고 결국 도산에 이르게 된다는 것이다.

그래서 선주사(owner)와 운항사(operator)를 구분하자는 안을 제안하였다. 그 예로 일본을 들면서, 일본은 상당히 많은 선주사들이 있다는 것이다. 이 선주사들은 선박을 소유하고 운항을 하지 않는다. 그런 다음 운항사들에게 선박을 장기로 빌려준다는 것이다. 이렇게 되면 불경기가 와도 운항사들은 대출금이 없기 때문에 쉽게 불경기를 넘어갈 수 있다는 것이다. 선가의 하락이나 은행에 대한 대출과 원리금상환의 부담은 선주사가 부담하는 것이지 운항사는 부담하지 않는다는 점에서 장점이 있다고 한다.

해상법을 공부하는 나로서는 이 주장에 대하여 세 가지 의문점을 가졌다. 첫째, 선주사들이 선박에 대하여 나용선(선체용선)이 아니라 정기용선을 주는데 과연 이것이 가능하고 유리한 것인지? 둘째, 해상 기업이 선박을 소유하고는 있지 않고 용선된 선박만으로 있다는 것은 화주의 입장에서는 자신의 채권을 담보할 선박이 없는바, 자신에게 불리하므로, 이런 형태의 운송인을 화주는 기피하게 될 터인데, 일본은 어떻게 가능한 것인가? 세 번째, 금융대출을 하여주는 금융회사는 자신을 어떻게 보호하는가?

자료를 찾아보니 일본 지배선대는 2,496척인데 파나마에 1,433척, 일본에 261척, 라이베리아에 156척, 마샬아일랜드에 128척, 싱가포르에 123척, 홍콩에 96척이 등록되어 있다. 일본 운항회사의 보유(일본적선) 261척, 일본의 운항회사의 자회사가 해외에 보유 830척(외국적선, 33%), 일본의 선주사의 해외자회사 827척(33%), 기타 해외선주회사가 보유하는 외국적선 578척이다(일본선주협회 발행 일본해운 Shipping Now 2019-2020자료). 운항회사의 자회사 830척은 NYK와 같은 회사들이 직접소유하는 선박일 것이다. 운송을 담당하지 않는 선주사들이 827척을 보유하고 있고, 그 비중이 전체 선대의 33%라는 것이 놀랍다. 우리나라는 창명해운이 이런 선주사를 지향했다고 들었을 뿐이지 그 비중은 미미하다.

마침 어제(2019.11.14.) 빌헬름사에서 주관하는 선상 파티에 올라갔다가 3명의 선주사 간부를 만나서 질의응답을 하고 더 연구한 결과 많은 의문이 풀리게 되었다.

선주사와 정기용선자

일본의 대형선사인 NYK, MOL, K-Line(운항사)과 같은 곳에서 동경과 이마바리 등에 산재하는 선주들에게 접근하여 이런 목적으로 선박이 필요하여 10년 장기용선계약을 체결할 터이니 선박을 건조해서 빌려달라는 부탁이 들어온다. 오랜 관계에 있는 운항사의 부탁이니 선주사는 거래은행과 조선소를 접촉하여 선박건조를 시작한다.

건조되는 선박에 대하여 파나마 등에 특수목적회사(SPC)가 설치된다. 선주사는 manager로 나타난다. 물론 등기부상의 선박소유자는 SPC인 종이회사이다. NYK와 같은 운항사와 SPC는 선박에 대한 10년 동안의 장기운송계약을 체결한다. SPC와 정기용선자와의 계약에서는 사실상 선주사의 사람이 나타나서 계약을 체결한다.

SPC를 해외에 설치하여 선박에 대한 형식상 소유권은 파나마 등의 SPC가 가지도록 하는 점은 우리나라와 같다. 그러나, 선박의 대여방식이 크게 다르다.

(1) 우리 나라의 경우 실제 선주는 선체용선자(BBC)로 나타난다. 그러나, 일본에서는 관리인(manager)으로 나타난다. 우리나라의 경우 국적취득조건부 선체용선(나용선, BBCHP) 계약을 체결하여 20년 용선기간이 지나면 그가 선박의 소유권을 취득한다. 용선자인 해상기업이 선체용선자(나용선)로서 선원을 고용하고 교육을 시키고, 선박을 관리하므로 법적 책임을 부담하는 자는 용선자이지 SPC가 아니다. 그렇지만, 일본의 선주사-정기용선자와의 관계에서 선주사가 직접 선원을 고용하고 교육을 시키고 선박에 대한 관리를 한다. 선박은 단지 정기용선된 것에 지나지 않기 때문에 선박의 충돌사고, 오염사고 등에 대한 손해배상책임은 선주사가 부담하게 된다.

(2) 선주사는 자신이 관리하는 선박을 정기용선자에게 빌려주는 것이기 때문에 선주사의 선박관리 업무는 대단히 중요하다. 자신이

직접 관리를 하던가 아니면 다른 전문관리회사에게 업무를 위탁한다. 따라서, 선주사의 인적 구성도 영업부서에 더하여 선박관리부서가 추가된다. 이는 우리나라의 선주사에 선박관리부서가 없는 것과 다르다.

화주를 포함한 채권자들의 관점

화주들은 이론상 자신의 상대방인 운송인이 직접 소유하는 선박을 가장 좋아한다. 선박에 대한 가압류도 가능하고 선박우선특권의 행사도 가능하기 때문이다. 선박이나 운송인의 국제성 때문에 현장의 선박을 자신의 화물손상에 대한 담보로 확보하는 것이 가장 긴요하다.

우리나라의 경우와 같이 BBCHP를 하여 운항하는 경우 원칙적으로 화물의 손상에 대한 손해배상청구권을 가지고 그 선박에 대한 가압류가 불가하다. 다만, 상법 제809조를 이용하여 가압류를 할 수 있는 여지는 있다. 선박우선특권은 선박소유자가 채무자가 되는 경우와 동일하게 폭넓게 인정된다.

정기용선자가 채무자가 되는 경우에 그에 대한 채권을 가지고 그 선박을 가압류할 수 없다. 채무자의 소유가 아니기 때문이다. 정기용선자가 소유하는 다른 선박에 대한 가압류는 가능하다. 다만, 상법 제809조를 이용하여 화물손상의 경우 선박에 대한 가압류가 가능하다. 2019년 이전만 하여도 정기용선된 선박에 대하여는 선박우선특권의 행사가 불확실했다.

따라서 화주나 채권자들이 손해배상을 구하는 입장에서는 선박소유자＞선체용선자＞정기용선자가 운항하는 선박을 차례로 선호하게 된다. 이런 관점에서 본다면 일본의 선주－운항사(정기용선자)의 구조가 우리나라의 선주－BBCHP의 구조보다 불리하다.

그럼에도 불구하고 일본에서는 왜 선주－운항사(정기용선자)의 구조가 대세를 이루는가? 즉, 왜 채권자들은 이 체제를 선호하는가?

(1) 채무자가 되는 운송인은 10년 이상의 정기용선을 한 운항사들로서, 대형해상기업이라는 점이다. NYK, MOL과 같은 대형선사가 화물손해배상에 대하여 화물을 실은 그 선박이 담보가 되도록 영업을 하지는 않을 것이다. 화주와의 오랜 관계에 따라 손해배상이 발생하면 선박에 대한 가압류나 선박우선특권의 행사 이전에 담보를 제공할 것이다. 화주들도 자신의 화물이 실린 선박만을 담보로 생각하는 것이 아니라 대형선사 자체를 신용하는 것이다. 화물이 실린 그 선박만이 아니라 NYK 등이 소유하는 다른 재산도 많이 있기 때문에 그 재산에 대한 가압류를 하면 되는 것이다.

(2) 손해배상의 문제는 분명 있지만, 자신들의 선원을 통하여 자신의 선박을 관리하는 것이 더 안정적이고 발전적이라는 설명을 내가 만난 선주사들이 해주었다. 선박에 대한 관리를 직접 함으로써 사고건수를 줄일 수 있고 선박에 대한 지식과 경험을 얻고 회사가 더 발전되어갈 수 있다는 것이었다. 선박 모두를 BBC로 용선 주어버리면 선주사들은 할 일이 없다는 것이다. 자신들은 파이낸서(금융제공자)가 아니라고 했다. 은행이 소유하는 구조에서는 그렇게 할 수 있지만 자신들은 진정한 선주이기 때문에 자신들의 선박이 소중하다는 설명이었다. 또한 선박을 빌려간 자(예컨대 한진해운의 경우)가 재무구조가 나빠져 회생절차에 들어간 경우, 자신들의 선원들이(용선자의 선원이 아니라) 승선하고 있으므로 쉽게 선박을 환수해올 수 있다는 장점이 있다고 했다.

선박금융사들의 자기보호수단

우리나라의 경우 금융회사들이 선주들에게 건조자금을 대출해주면서 대출금을 확실히 받기 위하여 다양한 수단을 강구한다. 해외에 SPC를 세우고, 그 SPC가 소유자가 되도록 하는 것이다. 그 SPC가 선박소유자이므로 그에게 대출을 해준다. 채무자인 SPC가 소유하는 선박에 저당권을 설정한다. SPC와 BBC 용선자 사이에 용선계약상 용선료 수령권을 자신이 양도를 받아둔다. 이렇게 되면 대출금이 직접 상환되기 때문이다. 실제선주가 되는 용선자로 하여금 SPC가 대출을 갚지 못할 경우에는 자신이 보증인으로서의 역할을 하겠다는 보증계약을 체결하기도 한다. 채무자인 BBC가 회생절차에 들어가면 채무자의 재산이 아니기 때문에 선박을 환수해 올 여지도 많다.

그런데, 일본의 경우 SPC와 정기용선자 사이에 정기용선계약이 존재하는바, 조금 달리 될 것이다. 대출을 해준 금융회사는 SPC가 소유하는 선박에 저당권을 설정하는 것은 동일하다. 그런데, 선주-정기용선자의 계약관계에서는 정기용선자가 선박을 소유하려는 목적은 없고, 실제선주는 관리인으로 남아서 소유권을 자신이 취득하지 않고 SPC가 소유하는 형태로 둔다고 한다. 원리금 상환약정이 있다면 그 약정과 융자받은 대금에 대한 이자만 지급하면 된다. 정기용선자가 정기로 지급하는 용선료를 자신이 수령하도록 할 수도 있을 것이다(한 선사의 경우 정기용선료를 은행이 직접수령하도록 하지는 않는다고 한다). 정기용선의 경우라고 해도 보호의 정도가 결코 낮다고 볼 수 없다. 정기용선자가 회생절차에 들어가도 채무자의 재산으로 보아서 회생절차에 구속된다는 주장이 나오지 않아서 좋은 점도 있다.

결 론

결국 일본의 선주사-운항사의 분리제도는 일본 특유의 관계라고 판단된다. 내가 만난 세 개의 선주사는 30~40척을 소유하고 있다고 했다. 그렇다면 일본에는 800여개의 그러한 선박이 있다는 것이므로 선주사는 50~100개 정도가 되는 것으로 추측된다. 금융회사가 선주로서 관여하는 것이 아니라 실제선주를 하고자 하는 자들이 선주사를 한다는 점이 중요하다. 자신이 애지중지하는 선박이니 관리를 자신이 반드시 해야 한다. 금융회사가 실제 선주 같으면 선박 관리를 외주 주고 말 것이다. 자신들은 관리할 전문가가 아니기 때문이다.

정기용선도 단순하게 1~2년 선박을 용선하는 것이 아니다. 장기적으로 용선을 하는 것이므로, 선주사도 운항사도 모두 유리하다. 내가 의문을 가졌던 법률적인 측면의 리스크는 선주사들이 선박을 잘 관리함으로써 사고를 줄여나갈 수 있고 보험회사의 보증장으로 대처가 가능하다. 그리고 선박을 빌려서 운항하는 정기용선자들도 대형운항사이므로 시장에서 신용이 높기 때문에 선박의 상태는 운송인 선택의 중요요소가 아닐 것이다.

과연 이런 제도들이 우리나라에서도 통할까? 우리나라에서 선박금융구조를 만들면서 SPC를 세우고 실제선주가 정기용선자가 되도록 한다면, 그 정기용선자와 운송계약을 체결하는 화주로서는 정기용선자를 불안하게 생각할 것이다. 장차의 채무자가 선박에 대한 자산을 갖지 않은 임차인에 지나지 않기 때문이다.

결국 이 문제는 선박을 빌려가는 정기용선자들이 시장에서 얼마나 신용이 있는가? 그래서 화주들에게 신뢰를 받는가(예를 들면, 10척의 선박을 가지고 운항사가 되었는데 모두 남의 선박을 빌린 회사라면 아무도 이 회사를 신뢰하지 않을 것이다. 자신의 자산은 없는 회사이기 때문이다)에 있다. 그리고 얼마나 훌륭하게 선주사들이 선박에 대한 관리를 해내는 가에 달려있다.

운항사들이 자신이 소유하는 선대를 1/2을 가지면서 1/2은 선주사로부터 용선하여 금융리스크를 줄이는 모델은 이상적이고 매력적이다. 선주사가 육성되면 우리 선사들의 용선료매출도 늘어나고 관리직원들이 많이 필요하므로 남아도는 고급선원들의 활용면에서도 좋다. 선주사를 표방했던 창명해운의 부진이 아쉽다. 이 구도를 우리나라에서도 활성화시키는 방안을 강구할 필요가 있다. 특히, 인트라 아시아의 경우 너무 많은 정기선사들이 난립하여 외국 대형정기선사의 진입에 어려움에 처할 것이기 때문에 대처가 필요하다는 목소리가 있다. 선사들은 선주사로 남고 2~3개의 운항사 체제로 재편한 다음, 선주사들이 자신들의 선박을 운항사에게 장기 정기용선을 주어 선대를 구성하는 방안이 거론되었다. 운항사는 규모의 경제를 실현하여 경쟁력을 갖고, 기존의 선사들은 선박을 소유하고 관리하는 회사로 남아서 존속과 번영이 가능하다는 점에서 검토의 여지가 있다. (《한국해운신문》, 2019년 11월 15일, 동경대 법대 제3법학관 연구실)

추신) 일본 선주사 관계자를 만날 기회를 제공해준 빌헬름사(선박관리) 일본지사 이상수 부사장에게 감사의 인사를 전합니다.

4. 해운업에 대한 고마운 마음이 국민들에게 충만하게 하자

일본에 도착한 다음날 아침식사를 위해 동경대 근처에 있는 식당을 찾았다. 스끼야라는 체인이다. 낫또 정식을 시키고 자리에 앉았는데, 벽에 걸린 그림이 나의 눈길을 사로잡았다. 그 후로 나는 그 그림 때문에 이 식당을 찾아 아침식사를 했다. 2020년 첫날도 이 스끼야에서 식사를 했다. 또 같은 생각을 했다. 일본이 이래서 해운 1위 국가가 되었고 그렇게 안정적으로

스끼야 식당에 걸려 있는 그림

해운업과 무역업을 이끌고 있구나 하는 생각이다.

그림은 1880년경으로 보인다. 범선에 물건을 실은 선박이 항구에 있고, 항구에는 사무라이 복장을 한 사람, 서양인들, 양산을 쓴 여성 등이 보인다. 일본이 외국에 문호를 개방하면서 외국의 문물이 들어오던 당시의 그림이다. 그림이라기보다, 그림을 크게 복사한 천을 벽에 붙여 둔 것이다. 왜 이런 시대상을 담은 그림이 동경대 근처 허름한 식당에 걸려 있는가? 예로부터 일본인들은 해운업과 무역업을 국가 기간산업으로 여기고, 이를 중시하였기 때문인 것으로 생각된다.

일본은 1854년 페리제독의 흑선이 나타나 무역을 요구하자, 너무나 놀랐다. 신문물에 놀랐다. 그렇지만, 규슈의 항구에서는 네덜란드 학문이 난학이라는 이름으로 자리를 잡은 지 이미 200년 이상이 되었기 때문에 쉽게 외국 신문물에 대한 개방의 길로 들어설 수 있었다. 그 결과를 명치유신이라고 한다. 일본은 서양을 배우는 것을 큰 목표로 삼았다. 서양 문물을 습득하고자 수만명의 인재를 외국으로 보냈다. 그 흔적은 동경대학교의 단과대학 곳곳에 남아있다. 농대 앞에 가면 동상이 하나 있다. 1880년대 독일에서 의학을 배워와서 1890년경 동경대에 의학 강좌를 개설했다는 내용이다. 다른 단과대학에도 유사하다.

해운업도 마찬가지이다. 그 유명한 사카모토 료마가 고베에서 1860년경 해운업을 시작했다. 미일수호조약의 이행을 위하여 일본 대표단을 싣고 1857년 가쯔가이슈라는 막부 소속의 선장이 태평양 횡단에 성공했다. 1874년 오늘의 NYK의 전신인 미쓰비시해운이 창립되었다. 우리나라는 아직도 쇄국정책을 굳게 펼치고 있을 때였다. 이러한 사실들은 일본의 일반 역사서나 소설이나 드라마에 중요한 소재로 사용된다. 일본 사람들에게는 상식선의 이야기이고 자랑거리이다.

서양문물을 익힌 일본은 급속도로 서양과의 격차를 따라 잡으면서 해군력에서도 미국, 영국과 일합을 겨룰 준비가 되었다. 그리고 강압으로 주위 국가를 병탄하고, 여러 번의 전쟁을 외국에서 벌였다. 이런 일을 위하여는 해군력과 해운이 필수적이었다. 1945년 종전 후의 일본의 발전은 수출로 이루어졌다. 수출품은 선박을 이용한 이동이 필요했다.

이런 일본의 150년에 걸친 역사와 경제발전의 과정을 놓고 보면 해운이란 일본 국민들에게는 정말로 고마운 존재가 아닐 수가 없었을 것이다. 이런 해운에 대한 고마운 마음이 일본 국민들 모두에게 충만해있는 것이 아닐까? 그래서 일본은 해운이 세계 1위이고, 해운을 중심으로 선박건조와 선박금융업도 탄탄하게 연결되는 것이라는 생각이 들었다. 바다의 날이 법정 공휴일이라는 사실도 이를 말해준다.

우리는 어떠한가? 장보고 선장님, 이순신 장군을 제외하고는 전국적인 영웅이 없다. 특히 1850년대부터 1960년대까지 국민들에게 우리 해운이 국가에 얼마나 중요했는지 드러내고 내세울 것이 없었다는 것이 일반적인 상식이다. 정말 없는 것일까? 오늘의 부강한 대한민국이 존재하기까지 그 기여도를 파악하고 홍보하고 국민들에게 알리는 작업을 우리가 너무 소홀히 한 것이 아닌가 반성하게 된다. 국민들로부터 해운의 중요성과 발전 필요성을 인정받는 것은 우리 해운의 장기적인 발전을 위하여 대단히 중요하다고 판단된다.

필자가 이러한 생각을 하게 된 것은 비단 일본의 사례 때문만은 아니다. 작년 여름에 스페인으로 가족여행을 다녀왔다. 바르셀로나에서도 콜럼버스가 하늘 같이 높은 곳에 위치한 탑을 보았다. 이 탑은 바르셀로나 항구 입구에 서있었다. 압권은 세비아 성당이었다. 세비아는 1500년대에 스페인의 무역을 독점하던 곳이다. 콜럼버스가 신대륙을 발견한 다음 상선들은 모두 세비아에서 출항하고 도착하도록 했다고 한다. 스페인의 부는 모두 세비아에 집적되었다. 그만큼 세비아는 대항해시대와 뒤이어지는 유럽의 번영의 출발점이 된 것으로 상징성이 크다. 세비아 성당에 콜럼부스의 무덤을 만들어 두었다. 콜럼버스의 무덤은 원래 남미에 있었는데, 그 무덤에서 뼈를 가져와서 가마로 된 무덤에 넣고 네 명의 왕으로 보이는 사람들이 그 가마를 짊어지고 있었다. 여행 가이드의 설명으로는 세비아 성당은 세계적인 성당인데, 성인이 아니고는 무덤을 성당 안에 두지 않는다고 한다. 극히 예외적으로 평민인 콜롬부스의 무덤을 여기에 두었다고 한다. 그 둘째 아들의 무덤까지 여기에 두었다. 나는 생각했다. 왜 그렇게 했는가? 콜롬버스가 그만큼 존경받고 국민적인 숭앙을 받기 때문이 아닌가 하고.... 세비아 성당은 세계 2대 성당이라서 관광객이 줄을 서는 곳이다. 콜럼버스가 신대륙을 발견했고, 그 이후 목숨을 건 대항해시대가 개막되어 신대륙이 하나씩 추가로 발견되고 그 신대륙이 유럽의 상품을 팔 수 있는 시장으로 역할을 단단히 해주었기 때문에 유럽이 번성하게 되었다. 그렇기 때문에 유럽 사람들은 대항해시대의 창시자인 콜럼버스를 그렇게 존경하는 것이 아닌가? 대항해시대는 목숨을 건 희생이 따랐다는 점도 중요하다.

우리는 어떠한가? 장보고 선장 이후의 옛적 해운을 오늘날의 해운업과 연결시켜줄 무엇이 기억나지 않는다. 정말 아무것도 없는 것인가? 일본이나 유럽 사람들이 존경하고 숭앙할 만한 해운의 선각자들이 없는가?

안타깝게도 1800년대 중반 서세동점의 시기에도 우리나라는 쇄국정책으로 일관해왔다. 외국에의 개방도 일본 등 강대국의 강압에 의한 것이 되었다. 1910년 이후의 일제강점기에도 우리는 타율에 의한 소극적인 해운을 해왔다. 해방 이후에야 비로서 해양대학이 설립되고 해운공사가 만들어지면서 비로소 규모와 체계를 갖춘 해운업을 시작했다. 그나마 자본이 없다보니 힘든 나날을 보냈다. 1960년대 경제개발 5개년 계획이 시작되면서부터 무역입국과 해운입국을 기치로 걸면서 제대로 된 해운이 일어섰다. 1990년대를 전후한 시기에 한진해운과 현대상선이 그룹의 주력사로서 크게 발전한 때도 있었다. 그러나, 1980년대와 2010년대 해운산업의 큰 불황과 실패는 국민들에게 해운은 무언가 불안하고 국민들에게 도움이 되지 않는 부정적인 이미지를 남겼다. 시중은행으로부터 선박금융이 일어나지 않고 있고, 해운에 투자했던 대기업 그룹사는 거의 떠나간 것이 오늘의 해운업의 현실이다.

두 번의 큰 구조적인 실패가 있었기 때문에 1960년대 이후에 해운이 우리 무역입국에 큰 역할을 했다고 국민들을 설득하기가 쉽지 않다. 정말 우리는 해운이 우리 국민들의 삶에 도움을 주지 못했는가? 이제부터라도 하나씩 찾아보아야 한다.

조선시대에도 조운이라는 것은 있었다. 세금으로 국가에 내는 쌀을 육로가 아니라 바다로 이용해 한양으로 이동시키는 것을 조운이라고 했다. 이런 조운은 지금 말로 하면 연안 항해를 이용한 내항해운이었다. 이렇게 모인 쌀은 관리들의 녹봉에, 흉년이 든 곳에 구휼의 목적으로, 전쟁에 대비한 비축미로서 역할을 톡톡히 했다. 육로를 통한 수송은 쉽지 않았을 것이다. 대규모의 쌀을 쉽게 소달구지로 이동하기가 어려웠을 것이라고 본다. 한번에 많은 쌀을 이동하기에는 선박을 이용하는 조운만한 것이 없었을 것이다. 최근 필자는 필자의 고향인 경북 영덕군 축산항과 포항의 흥해에서 이러한 형태의 조운이 있었음을 조선왕조실록을 통해서 확인할 수 있었다. 순조 14년(1814년) 축산포에서 1만 3척석의 쌀을 실은 선박들이 풍랑으로 축산항에 침몰하였다는 기록을 보았다. 강원도와 함경도에 흉년이 나서 북쪽으로 쌀을 올려보내려고 했다. 축산항(당시 영해부 소속) 이 북으로는 교통편이 좋지 않고 한꺼번에 1만 3천석을 이동시키기가 쉽지 않았다. 영해평야에서 거둔 쌀을 축산포를 통해서 강원도나 함경도로 보내는 조운이 있었다고 보아야 한다. 흥해에서 축산포로 조운선을 보내는 시험을 했다는 기록도 중종 7년(1512년)의 일인데 중종실록에 나온다. 동해안에서는 흥해와 영해가 가장 넓은 들판을 가지고 있다. 서해에만 조운이 있었던 것으로 아는데 이런 형태의 조운이 있었다는 자료가 된다. 더 연구할 내용이다.

우리 선배 항해사들이 신대륙의 발견에 나서지 않은 것은 분명하다. 그렇지만, 선박을 이동수단으로 하여 일본과 중국을 오갔다. 그리고 조선시대에 조운이 남아 있었다. 이런 조운이 있었기에 어려움에 처한 백성들이 굶지 않고 살아왔던 것이다. 이런 내용을 체계적으로 하나씩 정리해서 해운이 역사적으로 우리 국민들에게 기여한 바가 있다는 점을 알리도록 하자. 이런 작업들을 통해서 국민들이 해운을 중요하게 여기고 고마운 존재로 알게 될 때에 우리 해운은 국민들에 의해서 지켜질 수 있는 것이다.

서양이나 일본사람들이 해운 선각자들을 존경하고 숭배하는 이유는 그들이 목숨을 걸고 사지인 바다로 나갔기 때문이다. 18세기만 해도 10척의 선박이 바다로 나가면 7척만 돌아왔다고 한다. 바다로 나가는 것은 곧 죽음을 의미하는 것이었다. 대항해 시대에 수많은 선원들이 바다에서 목숨을 잃었다. 그 희생의 대가로 오늘날의 풍요를 누리는 것이기 때문에 이들은 항해선각자를 존경하는 것이다. 유럽과 일본에는 수많은 항해선각자들이 존재했고, 오늘날까지 국민들은 그들의 봉사와 희생정신을 기리며 존경을 표하고 있다.

해방을 전후한 시기에 해운선각자들은 자기 희생과 프론티어 정신에 투철했다. 많은 선원들이 바다에서 목숨을 잃었다. S 교수는 해양대학 교수직을 버리고 선원 송출 길을 열기 위하여 일본 산코라인에 부장으로 나가 송출길을 활짝 열었다. 이와 같이 해방을 전후한 불모지 해운을 위하여 선각자들은 희생과 봉사를 큰 덕목으로 여기고 한국 해운을 우리에게 열어주었다.

그런데, 2000년부터 2007년 중반까지 유래없는 해운업 초호황기가 우리를 방문했다. 모두 기쁘고 들뜬 표정이었다. 그런데, 2007년부터 시작된 해운 불황기에 분위기는 급전직하, STX 팬오션 등 우량회사들을 포함하여 10여개의 해운회사들이 법정관리에 들어갔다. 대부분 살아났지만 국내외 채권자들의 큰 희생을 바탕으로 한 것이었다. 한진해운은 사라져버렸다. 전체 해운 매출의 1/5이 줄어들었다. 물류대란이 일어나 전 세계적인 물류의 흐름에 악영향을 주었다. 과연 이런 우리나라 해운산업의 모습들이 우리 일반 국민들의 해운에 대한 인식에 어떤 영향을 끼쳤을까? 법정관리에서 살아난 모든 회사들이 피해를 입은 국내외 채권자들에게 미안한 마음을 전달하고 신뢰를 회복하고자 노력하였을까? 한진해운사태 이후 정기선 해운을 살려야 한다는 주장에 대해 다수의 국민들은 해운에 대한 부정적인 기억들로 인해 그 주장에 동조하기가 어렵지 않았을까? 튼튼하게 회사를 잘 운영해 온 해운회사도 우량회사도 있다. 이들에게는 한국 해운의 버팀목이 되어 준 것에 대한 찬사를 보낸다. 그렇지만 2000년대 들어와서 정부가 만들어준 톤세제도 등 다양한 해운보호 정책들에도 불구하고, 초호황기에 자본을 축적하고 체력을 탄탄히 할 기회를 우리 해운인들이 잃어버린 것만은 틀림없는 사실이다. 무언가 잘못되었다는 점에 변명의 여지가 없다. 일본은 그렇게 초호황을 즐기지도 않았고 또 우리와 같이 대거 법정관리에 들어가지도 않았다. 말하자면 안정적이었다는 것이다.

이런 과거의 실패를 복기하고 실패를 반복하지 않으려는 노력이 있어야 한다. 그러한 반성의 바탕 위에서 대항해시대의 선배 해운인들이 했던 것과 같은 희생과 개척정신으로 다시 출발해야한다. 또한 1800년대부터 우리나라에도 해운이 국가와 국민에 기여한 바가 있음을 찾아 발굴하고 홍보하는 일도 게을리 하지 않아야한다. 이런 두가지 사항들이 갖추어질 때 우리는 국민들로부터 전폭적인 지지를 받는 산업이 될 것이다. 이렇게 될 때 해운이 국제적인 변수에 의하여 어려움에 처하면 도움도 받을 수 있고, 국민들이 해운회사 주식에 투자도 할 것이고, 선박투자회사도 잘 운영될 것이고, 화주들도 기꺼이 우리 선박에 화물을 많이 실어줄 것이다. 이런 점이 잘 갖추어진 것이 일본 해운업의 강점이라고 본다. 일본은 선배들로부터 150년 된 안정적인 유산을 물려받았다. 이런 정도의 유산없는 우리 해운이 살아남기 위하여는 우리끼리 더 뭉치고 서로 도와주면서 차곡차곡 경쟁력을 갖추어나가는 길밖에 없다. 우리의 약점이 무언지를 안다는 것도 대단한 성과일 수 있다. 해운업에서 우리가 일본에 비해 부족한 것이 무엇인지 파악하고 이를 극복하기 위한 노력으로 충만한 2020년대가 되길 기대한다. 2020는 젊은 20대 청년이 쌍으로 모여 있는 해이다. 해운, 화주, 선박금융, 조선산업이 모두 상생하는 한해가 되고, 업계와 학계 및 관계도 하나가 되어 총력전으로 해운살리기 운동에 진력하는 2020년이 되도록 하자.

(〈한국해운신문〉 2020년 1월 7일, 동경대에서)

5. 한국 해운의 선진화

몇 가지 사실에 주목한다. 해운산업 전체 매출이 30조원 대에서 제자리 걸음이다. 약 20년간 이 상태이다. 2000년대 중반 50조원을 달성했던 것에 비하면 퇴보이다. 한진해운의 파산으로 감소된 10조원 매출을 메우지 못하고 있다. 민간선박금융이 전혀 일어나지 않고 있다. 어떻게 하면 이 고착상태를 벗어나 해운재건을 할 것인가? 많은 의견과 대안들이 제시된다. 최근 최진석 교수의 「탁월한 사유의 시선」이라는 책을 읽었다. 그는 우리나라가 중진국에서 선진국으로 가려면 기존의 관념과 제도의 벽을 허물고 깨트리고 나와야 한다고 강조한다. 평소의 필자의 지론과 동일하다. 현재 우리가 당연하다고 생각한 것, 편하게 생각하는 것보다 더 나은 것이 있다면 이것에 변화를 주어보자. 필자는 우리 해운업계에 비효율적인 측면이 있다면 수정하고, 도움이 되는 것을 만들어 가면서 앞으로 전진해야 한다고 본다. 새로운 것을 선도하면서 창조하여 경쟁 해운선진국보다 앞서 나갈 때 우리 해운산업의 매출도 100조원을 달성할 수 있을 것이다. 필자가 생각하는 해운분야에서의 몇 가지 고정관념과 이것을 뛰어넘어야하는 이유와 그 대책을 생각해 보고자 한다.

해운은 위험한 산업이다

해운산업은 모험산업이었다. 예측불가한 큰 파도와 태풍을 만나면 범선은 바다에 침몰해야 했다. 범선이 기관으로 가는 선박으로 진화되었고, 목선이 철선이 되어 더욱 안전해졌다. 이제는 이러한 항해시 안정성의 문제보다, 경기의 불확실성과 변동의 폭이 큰 때문에 해운은 위험한 산업으로 인식된다. 1980년 초반의 해운구조조정, 2001년 조양상선의 파산, 2016년 한진해운의 파산, 2000년대 중반의 5년간의 초호황, 그리고 2008년부터 12년째인 장기불황이 그러하다. 최근에도 10여개 선사들이 회생절차에 들어갔었다. 그래서 자본가들은 해운산업에 투자를 꺼린다. 이런 해운산업에 대한 부정적인 인식은 해운산업에 나쁜 영향을 준다.

우리는 이 관념을 깨트려야 한다. 과연 이 현상이 전 세계적인 현상인가? 그래서 극복할 수 없는 내용인가? 이웃 일본은 그렇지 않다. 당장 2008년부터의 불황에도 회생절차에 들어간 회사는 중하위권의 2개 회사에 지나지 않는다. 소위 3대회사인 NYK(2019년 매출 20조원), MOL(13조원), K-Line(9조원)은 큰 무리없이 잘 지나왔다. 반면, 우리나라의 경우 업계 3, 4위 대한해운, 팬오션이 회생절차에 의존해서 살아났고, 급기야 1위였던 한진해운은 사라졌다. 해운이 위험산업으로 경기의 폭이 심하여 극복하기 어려운 것은 다분히 우리나라의 문제라고 보아야 한다.

우리는 철저하게 반성해야 한다. 왜 2000년 중반의 그 호경기에 체력을 튼튼하게 하지 못했던가. 바둑에서 복기를 하듯이 모두 모여 그 당시에 어떻게 했더라면 해운이 그런 지경에 이르지 않았을 것이라는 해답을 내어 놓아야 한다. 한진해운사태 이후에 한진해운 백서가 나왔듯이 "2000년대 호황시 불황 대비책 부족에 대한 백서"를 발간하자. 호경기가 왔을 때 벌어들인 수입을 잘 간수하고 곧 들이닥칠 불경기에 대비하는 매뉴얼을 여기에 포함하자. 함부로 고가의 선박에 투자하지 말도록 하자. 이렇게 위험요소를 하나씩 하나씩 줄여나가자. 이렇게 하면 해운은 위험산업이 아닌 것이 될 것이다. 이런 인식을 해운하는 우리 스스로는 물론이고 일반 국민들에게 확산시키자. 해운산업에 대한 위험인식 정도가 낮아지면 질수록 선박건조를 위한 금융대출 이자도 낮아지게 되니 해운경영에도 유리한 일이다.

해운산업은 선박을 가진 사람만이 한다

선박을 가지고 운송하는 해상기업은 자신이 선박을 소유할 수도 있고 용선해서 사용할 수도 있다. 해운법도 이런 전통적인 기초 위에 서있다. 선박을 가지고 화물운송이나 여객운송을 하는 사람들은 해운법에 따라 면허를 받아야 한다. 해운산업의 매출도 운송이나 용선에서 기인하는 매출의 총합이 된다. 해운업은 반드시 선박을 보유한 자만이 해야 하는 것인가? 현실이 그러한가?

그렇지 않다. 해운산업의 궁극에는 최종소비자인 화주와 운송계약이 체결되어야 한다. 그 운송계약을 해상기업이 아닌 자, 즉 포워드 들이 하는 경우가 태반이다. 이들은 화주와 운송계약을 체결하고 자신이 다시 화주의 입장에서 해상기업과 제2의 운송계약을 체결하게 된다. 우리나라의 해운법은 제2의 운송계약에서 운송인인 실제운송인이 되는 자만을 해상운송화물운송업자로 본다. 화물의 운송중

사고가 발생하면 누가 책임을 부담하는가? 화주는 자신의 운송계약 당사자인 포워드(계약운송인)에게 책임을 묻게 된다. 이런 실무의 현상을 반영하여 우리 상법은 1991년 운송인 중심주의로 이동하였다. 그 이전에는 선박소유자만이 운송인이 될 수 있도록 한 것을 이제는 누구나 운송인이 될 수 있도록 한 것이다. 말하자면 포워드도 엄연한 운송인인 것이다. 해상운송의 큰 축을 담당하는 우리의 소중한 플레이어이다.

선박을 보유한 해상기업만이 해운법상 규율대상이고 보호대상이라는 고정관념의 틀을 깨야한다. 그래야 우리 해운매출의 상당부분을 가져가고 있는 2자 물류회사의 해운매출액의 부분을 우리 것으로 할 수 있다. 과거 화주와 직접운송계약이 체결되었다. 이제는 2자 물류회사를 포함한 포워더들이 제1운송인(계약운송인)이 되어 해상기업에게 하청을 주는 형태가 되었다. 우리는 제2의 운송인(실제운송인)으로 만족하게 된다. 해상기업의 지위가 그만큼 약화되었다. 이는 복합운송이라는 새로운 운송 플렛폼의 등장으로 소비자들이 이를 선호하게 됨으로써 나타난 현상이다. 이 현상에 맞추어 나가야 한다. 1/2은 운송인의 기능을 하는 포워드 특히 2자 물류회사를 해운법상으로도 운송인으로 인정해야 한다. 이미 미국에서는 이들이 NVOCC(무선박개품운송인)로서 엄연한 운송인인 것이다(일본에서는 利用運送事業者라고 한다). 이제는 이들을 해운인으로 받아들임으로써 해상기업의 영역을 더 넓혀나가야 한다. 아니 원래 우리 해상기업의 것이었던 것을 찾아와야한다. 종합물류회사로 가는 큰 흐름에 우리도 따라 가야 한다. 일본의 3대 정기선사는 모두 종합물류회사로서 기능을 하고 있다. 이들의 해상운송기능을 포함할 때 우리해운산업의 매출규모도 늘어나게 된다.

우리 회사는 회생절차를 신청하지 않을 것이다

사람들은 항상 긍정적으로 생각하는 경향이 있다. 전철이 12분에 한 대씩 지나간다면 약속시간에 맞추기 위하여는 최소 12분의 여유를 두어야 한다. 그럼에도 불구하고 중간시간인 6분만을 염두에 두고 집을 나선다. 막 전철이 떠났다면, 6분 지각을 하게 된다. 최악의 시간에 대한 대비를 하지 못한 것이다. 누가 자신의 회사가 회생절차에 들어가기를 바라겠는가? 그렇지만, 2000년대에 들어와서도 우리는 10여개의 해운회사와 10여개의 조선회사들이 회생절차에 들어간 것을 목도했다. 우리 회사는 회생절차에 들어가지 않을 것이라는 생각이 들면 준비가 되지 않으니 큰 낭패를 만나게 된다. 채무자 회생 및 파산에 관한 법률(이하 채무자회생법)이라는 제도는 회사를 살려주기 위하여 있는 법이다. 채권자의 희생으로 기업을 살려주려는 제도이다. 그런데, 우리나라에서 회생절차 개시 신청시, 외국에서도 선박이 채권자들에게 압류되지 않도록 동시에 서류를 준비하여 신청해야 한다. 그렇지 않으면 우리나라에서는 선박이 보존되었지만, 외국에서 보존되지 않게 되고, 회생이 어렵게 된다. 물류대란이 일어나지 않도록 하역비를 현금으로 준비해두어야 한다. 이런 것은 모두 사전 준비가 필요한 것이다.

우리 회사는 회생절차에 들어가지 않을 것이라는 근거없는 낙관론의 벽을 깨트려야 한다. 이렇게 될 때 필자가 주장하는 "하역비보장기금"도 만들어질 것이다. 설마 우리 회사는 그럴 일이 없다고 생각하면, 보장기금제도는 우리 회사에 필요없는 것이니 동참에 부정적이 되게 된다. 한진해운사태에서 우리는 크게 당했다. 현대상선이 가입한 디 얼라이언스(The Alliance)의 경우 하역비보장기금제도가 자체적으로 마련되어 운영되고 있다. 그렇다면, 화주들의 입장에서는 디 얼라이언스 가입회사를 선호하는 것이다. 결국 현대상선을 제외한 우리나라의 정기선사들은 신용도가 하락하게 되었다. 회생절차시 하역작업이 어렵고 한진해운사태시 물류대란이 반복되어 일어날 수 있는 한국회사라는 딱지를 붙이고 영업을 계속하는 격이다. 이런 관념의 벽을 깨트릴 때, 우리는 채무자회생법에 특별규정을 넣어서 해운기업의 특수한 사정을 반영하도록 힘을 모아 우리 선사들이 회생절차시 도움을 받도록 개정작업에 나설 수 있다. 자유경쟁체제하에서 우리 정기선사 하나가 없어지는 것이 수요공급의 법칙에서 정당하고 생각할 수도 있다. 그러므로 이런 쓰러져가는 회사를 살리는 것은 바람직하지 않다는 반론도 있을 수 있다. 일견 맞다. 그렇지만, 물류대란이 일어나 대한민국 전체의 신용이 떨어지는 것은 우리 모두를 위한 국익의 문제라는 점도 깊이 고려되어야한다.

한국에서 선박금융은 금리가 높아서 일본 선주와의 경쟁에서 뒤쳐진다

해운업은 기본적으로 선박을 활용한 운송업이기 때문에 선박의 확보는 필수불가결의 요소이다. 자기 자본이 부족한 우리 선주들은 금융회사로부터 선박금융을 일으켜 대출을 받을 수 밖에 없다. 대출이자를 갚아야한다. 연리 5% 이상이 된다. 일본은 경제 전체의 이자율이 낮으니 1%대이다. 4%의 금융비용의 불리함을 안고 무한 경쟁을 하는 우리 선사들은 100미터 달리기에 무거운 가마니를 등에 짊어지고 출발한 것과 같다. 해방 이후 지금까지 수십년 동안을 우리 해운인들을 괴롭혀온 난제이다. 이런 높은 이자의 벽을 깨트릴 수는 없는가? 이렇게 해서는 해운기업이 단일시장인 국제해운시장에서 경쟁력을 갖기는 매우 어렵고, 수익이 나지 않으니 자본이 축적될 수가 없다.

필자는 금융전문가가 아니라서 해답은 모른다. 그렇지만, 평소에 가진 의문은 많다. 왜 우리 선사들은 일본 금융회사들에게서부터 융자를 받지 못하는가? 일본 선박금융사들이 외국선사들에게 금융을 제공할 때 이자율은 일본국내선사와 동일할 것이 아닌가? 신용도가 낮아서 대출을 해주지 않을지 모른다. 해양진흥공사가 대출금 상환 보증을 해주면 되는 것이 아닌가? 최고의 우량회사들이 있다. 그런 회사들도 일본금융으로부터 대출이 불가한가? 이런 어려운 점을 국회나 정부가 해결해주는 방안은 없는가? 진정 해운산업이 국가기간 산업이고 이로 인하여 현재 매출 30조원을 5년 안에 100조원으로 달성할 수 있으니 저리로 선박금융을 해달라고 국회를 설득하여 1% 대로 선박금융을 일으킬 수는 없는가? 부정적이라면, 10년 혹은 20년 거치 상환으로 1%대로 선박금융이 불가한가? 필자는 이는 설득의 문제라고 본다. T/F팀이라도 만들어 목표를 향하여 나가보자. 5%~7%대의 높은 금융이자의 벽을 허물어보자. 우리 해상기업들이 일본선주들과 동등한 출발선에서 제대로 달려보도록 해달라고 금융권과 정치권을 설득해보자. 정책금융이라는 것이 있으니까. 우는 아이에게 젖을 더 준다고 했다.

해운과 조선은 반대방향이다

우리나라 해운과 조선은 참으로 딱한 관계이다. 일반 국민들은 조선소가 외국 선박에 대한 수주를 했다고 하면 얼굴이 밝아진다. 필자도 그렇다. 그렇지만, 돌아서서 생각하면 “아이구, 선복이 적정 수준을 넘어서서 어려운데 또 선박이 발주되면 해운은 더 어려워지는 것은 아닌가?” 걱정하게 된다. 이렇게 해운과 조선은 반대방향이다. 조선이 활황이어서 선박건조가 많아지면 운항하는 선박수가 많아진다. 선박공급이 많아져서 화주들은 선택할 선박이 많아지니 수요공급법칙에 의하여 운임은 떨어지게 된다. 그러므로, 해운하는 사람들은 선박이 많이 발주되는 것을 원하지 않는 것이 되어야 상식이다.

해운과 조선은 반대 방향이 아니라 같은 방향이 되어야 한다. 우리나라 조선산업이 우리 경제에서 차지하는 비중은 막대하고 고용효과도 크다. 우리나라의 조선과 해운이 같은 방향으로 성장해 나가는 방안을 모색해야 한다. 그런 방법을 찾아야 우리가 해운선진국으로 갈 수 있다. 일본의 미쓰비시는 그룹 내에 해운인 NYK, 조선조인 미쓰비시중공업, 보험회사인 동경해상을 가지고 있었다. 조선소는 해운, 해운은 조선소에 지분을 가지고 있다. 이마바리 조선소는 선박을 200여척 보유한 선주사를 운영하고 있다. 우리는 삼성그룹이 해운업을 하지 않는다. 일본과 같은 이런 유기적인 관계를 어떻게 맺을 것인지가 관건이다. 우리 대형 조선소들의 우리 선주들의 선박 건조율은 10% 정도이다. 내수가 너무 작다. 일본은 50% 가까이 된다. 우리 선주들이 보유하는 선박의 수를 늘리면서 우리 조선소에 건조를 더 많이 하거나, 우리 조선소가 건조 능력을 줄이면 내수건조비중이 올라갈 것이다. 우리 조선소가 일본과 같이 선박소유하는 회사를 만들어 선박대여업을 하는 것도 고려할 만하다. 이렇게 해서 조선과 해운이 상호 영향을 주고 상생하는 방향으로 가야 해운산업과 조선산업이 모두 건실해진다.

선박 확보는 반드시 BBCHP 형태에 SPC를 해외에 두어야 한다

우리나라 선주들이 선박을 보유하는 방법은 대부분이 국적취득조건부선체용선(BBCHP) 방식을 취해 왔고 지금도 그렇다. 당장 현금이 부족한 것이 우리 현실이므로 20년 정도 운항하면서 운임으로 선가를 조금씩 갚아나가는 것이다. 금융사들은 대출금 회수를 위한 담보의 목적으로 해외에 SPC를 세우고 그 SPC가 형식상 선박의 소유자가 되도록 제안한다. 파나마나 마샬 아일랜드 등에 SPC를 설치해야 저당권자인 금융사가 더 보호되고 회생절차에서도 유리하다는 것이 그 이유들이다. 우리나라 공적금융기관의 경우도 마찬가지로 이런 방식을 취한다. 실제로는 우리나라 선사가 소유하고 운항하지만 등록은 외국에 되게 된다. 선박은 '움직이는 영토'라서 선박등록국의 법의 적용을 받는 것이 원칙이다. 등록소유자는 외국의 종이회사이고 실제소유자는 우리 선사인데, 어느 나라 법률이 적용되는지 누가 소유자인지 법적으로도 많은 분쟁이 일어나고 법적 안정성을 해치게 된다. BBCHP제도는 우리나라에 꼭 필요한 제도임을 부인하는 것은 아니다. 긍정한다.

그런데, 반드시 해외에 치적을 해야 하는가? 우리나라에 치적을 하는 방법은 없는가? 현재는 해외에 치적된 것을 국제선박등록법 제도하에서 등록을 하게 된다. 그렇지만, 이것은 부가등록제도이기 때문에 조세와 선원의 문제에서만 특별하게 한국법이 적용될 뿐이다. 이런 관념을 깨트리고 한국에 SPC를 두는 방안을 생각해 볼 수도 있다. 한강의 밤섬이나, 인천 송도 혹은 부산 해운대에 선박등록특구를 두는 것이다. 그리고 선박등록특구법에는 현재 해외치적에서 부여되는 각종 제도를 넣어서 금융사들이 이들 특구를 선호하게 만드는 것이다. 예를 들면, 선박금융채권자도 선박우선특권자가 되어 저당물인 선박으로부터 안전하게 대출금을 회수하도록 해주자. 등록세 등의 면제, 선원법상의 혜택 등은 기본적으로 주자. 우리 금융사들은 우리나라 선박등록특구에의 등록을 선호하게 될 것이다. 특별법 항목을 제외하고 우리나라 법률을 온전히 적용받게 되어 법률관계도 간명하게 된다. 이렇게 하여 국내에 SPC가 꼭 필요한 경우에 활용되도록 하자.

우리나라는 선주사와 운항사를 겸하고 있는 것이 99%이다. 이에 반하여 일본은 선주사는 선주업(대선업)만 하고 운항사는 운항에만 전념하는 경우가 많다. 선주사는 선박을 쉽게 건조하여 정기선사에게 장기 정기용선을 준다. 일본의 경우, 선박금융을 일으킬 때 실제 선주가 BBCHP가 되는 것이 아니라, 자신은 선박관리인으로 남고, 튼튼한 운항사에게 정기용선을 장기로 주어서 그 용선료로 대출금을 받는 방식이다. 정기용선자가 NYK 등 튼튼한 우량회사이고, 선주사들이 오랜 가족경영을 한 신용있는 회사들이라서 금융사들은 이런 신용을 바탕으로 대출을 쉽게 해준다고 한다. 우리나라도 선주사를 육성하여 선주사들이 용선료를 획득하게 하고, 선박운항사들에게 안정적인 선박을 공급하도록 하면 해운산업이 더 안정적으로 유지될 것이다. 이렇게 하기 위하여 BBCHP구조에 더하여 일본형 장기 정기용선을 이용한 선박확보제도에 더 관심을 가지고 이를 구현해보자.

한국 선원산업은 사양 산업이라서 줄어드는 것은 어쩔 수 없다

한국 해운의 발전에 해기사를 중심으로 하는 선원들의 기여도는 대단했다. 이를 간과할 수 없다. 그 중심에는 한국해양대학과 목포해양대학이 있다. 양질의 선원들이 해외송출을 나가서 외화를 벌어왔고 미국과 일본으로부터 선진해운기법을 배워왔다. 최대 약 5만명(1987년)의 해외취업선원들이 연간 최대 5,400만 달러(1996년)의 임금을 벌어 온 적도 있다. 그런데, 우리나라 국내 임금도 많이 높아지면서 선원들은 바다직업을 기피하게 되었다. 그래서 선원들은 배타기를 싫어하고 조금씩 조금씩 그 숫자가 줄어들고 있다는 것이다(2017년말 현재 해외송출 약 3,000명, 원양상선 해기사 6,000명, 부원 1,000명 정도이다). 3년 승선후 하선을 하는 경향도 지속되고 있다. 그 빈 공간은 외국인이 채우고 있다. 앞으로 인구절벽의 시대에 해기경험을 가진 인재들을 어떻게 바다에 공급하고 이들이 육상에서 근무하게 할지 큰 숙제가 아닐 수 없다. 한국에서 선원산업은 사양 산업이라서 어쩔수 없다는 체념으로 넘어가야 하는가?

다양한 방법을 찾을 수 있다. 일본의 해상보안대학교는 4년 과정을 마치면 반드시 2년간 대학원 과정을 국내에서 마치도록 의무화 되어있다. 이것은 자체 직무능력 배양의 목적도 있지만 전직의 경우에 도움을 주려는 목적도 있다. 우리도 해양대학의 승선학과 졸업후 선박에서 3년 근무를 마치면 반드시 법학이나 경영학, 다른 학과의 대학원 과정을 반드시 이수하는 필수제도를 두면 나아지지 않겠는가? 이들이 육상의 간부로 자랄 수 있는 장기적인 캐리어 패스코스의 일환이 될 수 있다. 일본의 경우 외항선원의 숫자가 급격히 줄어든 것은 우리와 같다. 그렇지만, 연근해 상선이 건재한 것이 우리와 다르다. 민관의 노력으로 일본 연안해운에서 승선하는 30세 미만의 선원의 숫자는 2012년 3,646명에서 5,270명으로 늘었다고 한다. 그 비중도 19%로 건실하다(내항선원의 평균연령분포: 30세 미만이 19%, 30~49세 34%, 50~59세 24%, 60세 이상 23%). 우리나라의 연안이나 근해해운은 4년제 대학을 나온 학생들이 선호하지 않는 곳이다. 임금이 낮기 때문이다. 사람의 본성상 임금만 높다면 연안이나 근해 해운을 더 좋아하게 된다. 해기전승의 마지막 보루로서 연근해 해운을 잘 지켜야할 필요가 있다. 일본은 2대학 5개 고등전문학교 체제로 선원을 양성해왔다. 고등전문학교 졸업생들이 내항해운에 크게 이바지하는 것으로 알려져 있다. 우리도 부산/인천 해사고 제도에 더 관심을 가지고 졸업생들이 연근해 해운에 착근하도록 유도해야 한다.

해운산업은 위험산업이고 기간산업이니 보호를 받는 것은 당연하다

맞는 말이다. 관념의 틀을 깨자는 것은 아니고, 이 관념의 틀에 정당성과 타당성을 갖추어 해운산업에 대한 보호의 필요성을 주장하고자 한다. 어려움에 당하면 정부에 손을 내민다. 그렇지만, 국가를 운영하는 것은 수십개의 산업이 있으니 그 산업과 비교도 된다. 그렇다면, 호경기가 찾아와서 수익이 많을 때는 어떻게 해야 하는가? 국가로부터 받았던 도움을 사회에 환원하는 것이 당연한 것이 아닌가? 다른 산업에 비하여 우리가 얼마나 많이 환원하는지, 그렇지 못하다면, 그 이유는 무엇인지... 해사재단, 도선사협회 등이 사회에 공헌하는 것도 많다. 그렇지만, 이것이 알려지지 않고 있다.

톤세 제도로 전체 해상기업이 혜택을 입었다면, 전체로서 모든 해상기업이 사회에 환원한 것이 무엇이라도 있어야 한다. 이렇게 되었을 때에 국민들은, 정부는, 국회는 해운산업을 진정 좋아하게 될 것이고, 우리가 다시 어려움에 처하면 도와줄 것이다. 따라서 이런 의미에서 "해운산업은 보호받아야하는 산업이다"라는 관념은 "해운산업은 보호도 받으면서 사회에 공헌도 하는 산업이다"로 관념을 바꾸어야 한다. 사회에 공헌하는 방안도 많이 찾고 실천하자.

보호받는 분야도 다양하게 생각해보아야 한다. 경쟁이 치열해져서 운임을 올리는 것은 쉽지 않다. 그래서 매출은 제자리 걸음이다. 그렇다면 지출을 줄여야 함은 당연하다. 지출을 줄여서 경쟁력을 갖기위하여 톤세 제도가 도입되었다. 해운사들의 경영에 큰 도움이 되었고 지금도 필요하다. 그런데, 영국, 일본 등 선진해운국이 모두 실시하고 있으니 우리에게 이제는 그들과 비교할 때 원가경쟁에서 앞서는 요소는 아니다. NYK 등 일본의 정기3사가 만든 THE ONE은 싱가포르로 본사를 옮겼다. 법인세가 제로로 경쟁력을 갖출 수 있기 때문에 싱가포르로 옮겼다는 것이다. 우리도 이와 같이 무한국제경쟁에 처한 해운선사에게 부가하는 법인세를 제로로 할 수는 없는가? 최근 논의되고 있는 고속상각제 혹은 압축기장제는 일본이 도입하고 있는 제도이다. 선주사에게만 주어지는 것인바, A선박을 매각후 장부가에 비하여 매각차익이 생긴 경우에 제2의 선박을 매입할 때 적용된다. 그 차익의 80%를 매입가에서 감하여 선가로 장부가로 기재하게 된다. 법인세 부과시 감가상각이 크게 되니 세금부과액이 적게 되어 이익이 되는 것이다. 선주사들이 신조선을 저렴하게 보유도록 도움을 주는 제도이다. 우리도 위 제도를 도입해보자. 우리와 경쟁하는 선진국들이 가지는 이런 세제상의 도움을 모두 우리도 받을 때 원가경쟁에서 우리가 동등하게 되는 것이다. 그렇지 않았다면 우리는 그동안 원가경쟁에서 제도상으로 이미 100미터 출발선에서 늦게 출발한 것과 같이 어려움을 겪었을 수 밖에 없다.

소명의식을 갖는 해운인들이 해운분야의 고정관념이 지니는 문제점을 발견하여 그 틀을 과감하게 깨고 해결책을 모색하여 실천할 때, 한국 해운산업은 국제경쟁력을 가지고 힘차게 전진할 수 있을 것이다. 최진석 교수의 「탁월한 사유의 시선」이 주는 시사점을 우리 해운산업에 투영한 결과, 위와 같은 생각을 하게 되었다. 해운인들과 같이 사색해보고자 한다. (〈한국해운신문〉 2020년 2월 1일, 동경대에서)

6. 종합물류의 공급자 측면에서의 경쟁력 강화가 시급하다

이제 일본에서 6개월의 안식학기를 마치고 220.2.27. 귀국을 했다. 나는 선원으로서 일본 회사인 산코기센에 10년간 근무했다. 1980년대 일본에 자주 기항했다. 교수가 되고 나서도 1년에 2번 정도는 일본에 갔다. 그렇지만, 늘상 아쉬움이 남았다. 일본이 분명 무언가 있을 터인데, 사람들이 자신을 내세우지 않으니 뭐가 없는 것 같다. 어떻게 일본이 제1의 해운국의 지위를 유지하고 있으며 조선업도 우리보다 안정적일까 궁금했다. 그 비결을 알고 싶었다. 6개월을 찾아 헤맸다. 아직 정확한 답은 찾지 못했다. 그렇지만, 어렴풋한 그림은 그릴 수 있게 되었다.

일본 해운의 성공비결

일본 해운의 성공비결은 오랜 역사에 있다. 1870년대부터 시작한 해운업이다. 2차 세계대전에 많은 선박들이 전쟁 수행을 위하여 징발되어 선사들은 선박을 잃었다. 폐허 위에서 해운을 다시 재건하게 되었다. 정부의 상당한 지원도 있었다. 무역입국을 위해서는 해운이 필요했다. 해운에 대한 국민들의 존경심도 상당하다. 일본의 근대화는 바다를 통해서 이루어졌기 때문이다. 바다의 날을 공휴일로 할 정도이다.

일본 선주협회 오노 이사장

일본 해운의 힘은 해사클러스트 개념에 있다. 해운, 조선, 철강, 화주가 한 묶음으로 돌아간다. 한 산업분야가 어려움에 처하면 다른 산업분야가 밀어준다. 더구나 대재벌이 모두 해운업을 하고 있다. 예를 들면, 미쓰비시 그룹은 해운회사 NYK, 해상보험회사인 동경해상보험, 미쓰비시중공업, 미쓰비시창고, 유센로지스틱스를 가지고 있다. 이러다보니, 각각은 독립된 법인이겠지만, 서로 도와주는 분위기가 형성되어 있다. 이번에 내가 조금 손해를 보고 도와주면, 다음에 내가 도움을 받을 수 있다는 신뢰가 쌓여 있다.

일본 해운의 힘은 선제적인 대응에 있다. 큰일이 닥치기 전에 미리 사전적인 대책을 강구한다. 너무나 많은 회사가 난립하여 문제가 되자 1960년대 해운합리화 조치로 해운을 3개로 그룹화시켰다. 정기선에서도 문제가 되자, 정기선 3사는 2018년 운영사를 하나로 통합하여 THE ONE을 출범시켰다. 조선소도 장차 일본조선이 인건비 등의 문제로 그 당시의 규모로는 견딜 수 없다고 보아 1980년대 규모를 1/2로 줄였다고 한다. 그 줄인 규모를 지금도 유지하고 있다. 최근에는 조선소를 합병하여 불경기를 이겨내고 있다. 항상 뒷북을 치는 우리 해운 조선과는 다른 점이다.

일본에서 해운산업의 힘은 정기선해운이 종합물류화한 점에 있다. 그리고 해운산업은 물류산업의 일부분으로 인식된다. 물론 해운업의 비중이 물류산업에서 60% 이상을 차지하는 점도 인정된다. 물류업은 운송, 창고, 하역을 기본으로 한다. 우리나라는 물류업은 화주기업이 자회사를 만들어 키워온 것처럼 되었다. 일본은 NYK와 같은 해운선사, 일본통운과 같은 육상운송회사, 긴데츠와 같은 철도회사, 미쓰이창고와 같은 창고회사, 가미구미와 같은 하역회사가 화주기업인 히타치와 같이 모두 종합물류업에 들어와서 영업을 하고 있다. 균형을 이루고 있어서 우리나라와 같은 2자 물류회사를 규제해야한다는 목소리가 전혀없다.

일본 해운의 힘은 저금리로 건조되고 선박관리가 잘된 선박 1,000여척을 보유하는 일본 선주(owner)사의 존재에 있다. 이들은 대형 정기선사에게 장기용선을 주고 그 용선료로 대출금을 변제하니 신용도 높아서 더 낮은 금리로 건조대금을 은행으로부터 빌릴 수 있다. 선주사들은 저렴한 금리로 선박을 건조했으니 용선료도 상대적으로 낮게 책정이 가능하다.

그렇지만, 일본 해운의 어려움도 있다. 전문 인력의 부족이다. 선원양성은 되지 않아서 특별하게 처리한다. 톤세 제도도 선원의 양성과 연결시켜두었다. 인구절벽시대가 도래하여 해운과 조선분야에 얼마나 많이 젊은이들을 불러 올수 있을지 노심초사한다. 그래서 해운계는 대대적인 홍보활동을 벌인다. 선박관리를 하는 일본 선주들도 일본 사람이 없어서 우리나라 선장과 기관장 출신의 영입을 하게 되고 상당한 숫자의 우리 전문가들이 일본 선주사에 진출하고 있음이 확인되었다. 상대적으로 풍부한 선원인력을 가진 우리나라가 유리한 분야이다. 일본은 IT산업의 활용이 더디다. 일본은 온라인(on line)보다 오프라인(off line)을 선호하는 것 같다. 이것은 일본의 보수적인 국민성을 말해주기도 하지만, 일자리의 확보에도 도움이 되는 측면도 있다. 종합물류업의 경우 IT가 발달된 우리나라에게 기회가 있다.

한국 정기선해운의 나아갈 방향

우리 해운산업 중 정기선 해운이 나가야할 방향을 그려본다.

20년 전부터 화주기업들이 물류라는 제도를 만들어 수개의 개별 계약을 거치던 것을 하나의 계약으로 만들어 비용을 낮추면서 최적화를 시켜나갔다. 이에 물류 서비스 공급자인 물류기업도 그 하나의 계약이라는 수요에 맞추는 과정을 마련하고 있다.

화주기업은 이 흐름을 앞서가는데, 물류기업은 더디다. 특히, 우리나라는 더 더디다. 그래서 우리나라도 물류 공급측면에서 하나의 계약으로 처리되는 시스템에 순응하고 규모의 경제를 달성해 나가야 한다. 해운 물류 정책, 세제혜택, 법제도도 이에 맞추어가야 한다.

20년 전만 하더라도 생산자의 공장에서 수입자의 수중에 상품이 들어가기까지는 여러 단계의 개별 계약이 필요했다. 포장, 육상운송, 하역, 해상운송, 하역, 통관, 육상운송 등을 거치는데 5~6개의 계약이 필요했다. 물류라는 개념이 도입되어 하나의 물류기업이 위 모든 계약(종합물류계약)을 이행하게 되었다. 화주기업으로서는 물류비용을 낮추면서도 한 사람의 상대방을 상대하므로 편리해졌다.

이러한 플렛트 폼에 순응하여 앞서가는 세계적 물류기업이 탄생하였다. DHL, 아마존과 같은 회사들은 위 종합물류계약을 인수하게 되었다. 이들은 해상기업이 아니기 때문에 해상운송수단인 선박을 보유하고 있지 않았다. 그래서 자신들이 위탁받은 상품의 서비스를 위하여 선박을 가진 해상기업과 운송계약을 체결하게 된다. 해상기업도 종합물류 사업에 뛰어들었다. 머스크도 DAMCO라는 물류회사를, NYK는 유센 로지스틱을 만들어 이러한 종합물류업에 동참하고 있다.

물류의 공급자의 일부를 구성하고 있는 우리 정기선사는 세계적인 조류에 뒤떨어져있다. 머스크와 NYK는 물류 수요자인 화주기업의 단일화된 물류화 수요에 순응하여 그 서비스를 공급하는 전략을 취하여 그룹 전체의 경쟁력을 갖추고 있다. 해상운송에서보다 육상에서 일어나는 기타 물류활동에서 이윤을 많이 얻고 있다. 자회사를 만드는 형태와 정기선사 자체 내부에 물류활동 부서를 설치하는 두 가지 형태가 있다.

우리 정기선사들은 이러한 움직임에 동참하지 못하고 있다. 현대상선도 종합물류회사를 현재 가지고 있지 않다(최근 물류전문가를 영입했다). SM라인도 마찬가지이다. 장금 상선은 전혀 없다. 다만, 고려해운은 KCTC(고려종합운수)와 고려종합국제운송을 가지고 있다.

화주기업은 물류비용을 줄이기 위하여 단일계약을 활용하게 되었다. 그런데, 물류공급자들이 파편화되어 있거나, 물류공급자들이 대형화되지 못하고 수많은 공급자가 활동하게 되면 공급자들은 물류비용을 낮게 책정할 수밖에 없는 불리한 지위에 서게 된다. 더구나, 이러한 물류공급자의 지위에도 서지 못하고 물류의 일부인 해상운송만 담당한다면 하청업자의 지위에 서게 되므로 더 열악한 지위에 놓이게 된다.

1단계로 우리 정기선사는 하루속히 종합물류회사화로 나가야 한다. 해상운송에서 육상운송, 창고업, 하역업으로 진출해야하고, 당장 어렵다면 이들 업자들과 전략적 제휴를 맺어야한다. 그렇게 함으로써 종합물류회사로서 화주기업과 종합물류계약을 체결할 지위로 올라서야 한다.

2단계로 우리 정기선사는 경쟁력있는 물류공급의 일부분이 되어야 한다. 정기선사의 경쟁력은 큰 틀에서 보아야 한다. 비용을 발생하는 모든 참가자를 대상으로 보아야 한다. 선박에 금융을 제공하는 금융업자, 조선소, 하역회사, 선박연료유 공급회사, 보험회사, 변호사, 선급협회, 해운관련 교수 등 전문가 집단 모두가 참여해야 한다.

운송기업의 종합물류기업화

당장 급한 것은 우리나라 하역회사, 운송회사를 진정한 종합물류회사로 만들어 나가야 한다는 점이다. 지금까지의 정책은 2자 물류회사로 하여금 모기업의 화물을 적게 가져가도록 하는 것이었다. 이것은 소극적인 정책이다. 우리 정기선사들도 3자 물류회사가 되어 경쟁하면 될 것이다. 이렇게 하는 것이 더 적극적인 정책이다. 그렇게 해서 종합물류계약을 화주들과 체결하여야 한다. 소규모 포워더들의 화물을 수십개 모아서 처리할 수 있을 것이다. 이러한 시도가 없었던 것은 아니다. 과거 한진해운이 (주) 한진을, 현대상선이 현대로지스틱스를 가지고 있었다. 현대 글로비스가 좋은 예이다.

이러한 정기선사들이 종합물류회사로 나감에 있어서 이제는 과연 유센로지스틱스, 판토스 등과 경쟁이 될 것인가 하는 점이다. 만약, 어떤 정기선사가 자신의 기업 아래 한 부분으로서 종합물류파트를 두고, 종합물류계약을 체결한 경우를 생각해본다. 자신이 포장에서부터, 창고, 하역, 운송에 이르는 모든 단계별 서비스를 책임지는 한 사람의 계약당사자가 된다. 자신은 이들에게 다시 하부 계약을 체결하여 서비스를 할당하게 된다. 종합물류에서 가장 비중이 큰 부분은 해상운송이다. 해상운송에서 경쟁력을 갖는다면, 먼저 자리를 잡은 기존의 종합물류회사들과도 경쟁이 가능할 것이다.

우리나라 정기선사들은 선박 확보시 소요되는 금융비용의 과다, 규모의 경제를 달성하지 못하고 있는 점, 영업의 능력 면에서 불리하다. 이 불리함을 청산하지 않는 한은 종합물류회사로 발돋움할 수 없다는 결론에 이른다.

저리 금융, 정기선사들끼리의 전략적 제휴로 경비절감, 영업망의 확충 등으로 나아질 수는 있을 것이다. 모든 종합물류회사들이 이렇게 할 것인데, 좀더 근본적이고 획기적인 것은 없을까?

일본과 같은 선주사 제도의 도입, 압축기장제도와 같은 세제혜택 등이 하나의 방안이 될 것이다. 화주들이 각각 떨어져있던 상품의 이동상의 기능들을 하나로 합쳐서 물류라고 불러서 경쟁력을 갖추었듯이 정기선사들도 전체적인 기능을 하나로 합쳐서 이에 필적하면 어떨까? 화주기업의 상대방으로서 종합물류회사로서 정기선사형의 장점은 선박을 가지고 있다는 점이다. 그렇다면, 이 선박과 관련된 비용과 정보제공에서 승부를 걸어볼 수 있다고 생각한다.

제안 1–공유제도

화주들이 전체로서의 물류라는 큰 틀에 대항하여 운송인들도 큰 틀을 만들었어야 하는데, 우리나라는 특히 그렇지 못하였다. 여전히 개별화, 파편화되어있다. 기존의 운송인이 갖는 개별의 의무가 있다. 하역과 보관이 그렇다. 상법 제795조에 나와 있는 것이다. 해상운송인은 해상과 연결된 하역과 보관업무를 송하인으로부터 위탁을 받는다. 하역과 창고업도 자신의 통제하에 둘 수 있다. 그 영역을 넓혀서 육상과 항공의 복합운송도 인수할 수 있다. 흔히 행해지고 있는 일이다. 육상분야의 하역과 창고, 운송도 이제는 자신의 통제하에 둘 수 있다. 이런 업무를 자신이 직영 혹은 자회사를 두게 되면 종합물류회사가 하는 업무와 같아진다.

이런 정기선사들 몇 개가 하나의 그룹이 되어 전략적으로 제휴를 하면 어떻게 될 것인가? 기자재, 선박연료유의 공동구매, 선급협회에 대한 공동가입, 선박에 대한 공유, 법률서비스의 공유, 컨테이너 터미널의 공유 사용, 보험의 공동가입 등과 같은 것이다. 2개–3개 회사가 같이 해도 효과가 있을 것이다.

예컨대, 선박 한 척을 보유하는 데에 우리의 경우 자기자본은 10%이고 나머지 90%는 금융기관으로부터의 대출이다. 이 선박을 두 정기선사가 공유하기로 하고, 각각 10%씩 자기자본을 출자하면,

그 선박은 20% 자기자본이 들어갔기 때문에 금융조건이 혼자서 할 때보다 유리하게 된다. 갚아야 할 돈이 적기 때문이다. 두 회사가 보증인이 되므로 따로 따로 20%를 하는 것보다 유리할 것이다. 하역회사와 선박회사가 조합을 이루는 경우, 하역회사에서 선박회사의 선박에 1/2의 지분을 가지고(한척의 선박에 선가의 10%는 선박회사가 10%는 하역회사가 부담), 선박회사는 하역회사의 장비에 1/2의 지분을 가지는 형식으로 투자하는 방안도 생각할 수 있다. 선박연료유를 A회사가 월 1만톤, B회사가 월 1만톤이 필요한 것을 각각 구매계약을 체결하는 것보다 한꺼번에 2만톤으로 계약하는 것이 더 저렴할 것이다. 선박보험에 가입하는 경우에도 각각 50척의 선박을 가입시키는 것보다 100척의 선박을 묶어서 가입하는 것이 보험료를 낮출 수 있을 것이다. 선박관리도 현재 각각의 선사가 따로 2개의 선박관리회사를 사용한 것이라면, 하나로 통합하여 규모의 경제를 누릴 수 있을 것이다.

보험회사와 선박회사가 조합을 이루도록 하고, 선박의 소유에 대하여 상법상 익명조합의 형식으로 해보는 방법도 있다. 자금을 출자하는 자는 외부에 나타나지 않는다. 선박회사만이 외부에 나타나고 이익은 공유하게 된다.

이렇게 된다면 해운을 둘러싼 조선, 금융, 보험, 선급 등의 해사클러스트들이 상생하는 좋은 방안이 될 것이다.

제안 2–선박 기능의 통합

정기선사는 선박을 이용한 해상운송을 해야 한다. 자신이 선박을 소유하든 아니면 용선을 하든 둘 중의 하나이다. 선박은 설계에서부터 건조, 진수, 인도, 20~30년 동안의 사용, 폐선으로 이어지는 사이클을 가진다. 선박을 유지하려면 선급의 가입, 보험에의 가입, 조선소에서의 수리, 용선계약, 선원의 관리, 선박의 수리 등의 업무가 필요하다. 이들 각각의 업무에서 비용이 발생되고 이 비용이 모두 운임이라는 원가에 반영된다.

금융을 일으켜 선박을 건조하게 되는데, 선박금융회사, 조선소, 선박등록사무소, 선급검사원, 보험회사, 변호사가 필요하다. 인도를 받게 되면, 선박소유자는 선박을 관리해야 한다. 자신이 직접관리하기도 하고 외주를 주기도 한다. 선박관리에는 선원관리와 공무 및 해무관리가 있다. 선박소유자는 자신이 선박을 직접 운항하기도 하지만, 용선계약을 체결하기도 한다. 용선브로커가 필요하다. 정기선사는 선박을 운항하여 화주의 화물을 일정한 시간에 장소에 배달한다. 컨테이너 박스와 터미널이 필요하다. 20년~30년이 지나면 폐선을 하게 된다. 이러한 과정을 보게 되면 하나의 정기선사가 화주의 컨테이너 박스를 하나 운송하는 데에는, 십여개의 개별 계약이 존재함을 알 수 있다. 그 개별 계약으로 인한 비용이 모두 화주에게 운임이라는 이름으로 전가되게 된다.

선박을 공급하는 측면에서 하나로 통합가능한 것은 통합하여 처리하면 시너지 효과가 나지 않을까? 이런 목적을 달성하기 위하여 선박등록업무, 선박관리, 연료유공급, 선급, 보험, 법률서비스를 하나로 묶을 수는 없을까? 정기선사는 한 회사에게 이 모든 과정을 일괄하여 계약을 체결하여 외주를 주는 것이다. 현재의 선박관리회사가 이런 역할을 할 후보군의 하나가 된다. 선박회사는 그 관리회사와 직접계약을 체결하게 된다. 이미 상당부분 진행되어있기도 하다. 한 장소에서 일괄처리하는 목적에 기여하는 것이 장소적인 해사 클러스트이다. 일본의 이마바리에서 이러한 효율적인 해사 클러스트를 보았다. 10분 이내의 거리에 조선소, 선박소유자, 선박관리회사, 선급, 선박등록처, P&I 보험사, 선박보험사, 변호사사무실이 모두 밀집되어있다.

제안 3–세재혜택

해운업에 더 많은 자본이 들어와야 한다. 주식회사제도에서 주식을 보유하는 것도 하나의 방법이다. 그렇지만, 이보다 더 직접적으로 해운관련 산업체가 해운에 들어오는 것이 좋다. 선박을 공유하도록 선박에 투자를 하는 것이 하나의 방법이다. 터미널도 같이 공동소유할 수 있을 것이다. 현재 해운에 대한 국민이나 다른 산업분야에서의 인식은 대단히 낮다. 이들을 유인하기 위해서는 선박투자에 인센티브가 필요하다. 압축기장제와 같은 제도의 도입을 하자. 이는 매각 차액이 있는 경우 그 차액을 신조선을 구입할 때 차액의 80%를 감가상각하여 법인세를 첫해에 적게 내도록 하는 제도이다.

제안 4–집단지성

화주기업의 단일화 전략에 발맞추어 공급측면에서 효율을 이루어내기 위해서는 우리도 집단지성이 필요하다. 많은 정보를 가져야 하고 구성원들이 지식을 공유하면서 위기관리능력을 가져야 한다. 한진해운 사태에서 회생절차 개시를 위한 준비가 되지 않았음을 우리는 목도했다. 경영진을 비롯한 중간 간부, 의사결정권을 가진 정책당국, 해운종사자도 회생절차법을 충분히 알지 못했다. 많은 부분이 그럴 것이다. 우리는 자신이 담당하는 분야는 잘 안다. 그렇지만, 해운산업에 필요한 경영이나 법학에 대한 지식이 부족하다.

그 이유 중의 하나는 해운산업에 종사하기 위해서는 선박운항, 해운경영, 물류, 해상법, 보험법, 세법, 도산법, IT 등에 대한 지식들이 있어야 하는데, 모든 것을 전부 학교에서 공부하지 못하기 때문이다. 그렇다고 하여 모든 분야의 전문가가 될 필요는 없다.

집단지성을 발휘해야 한다. 일본에는 최고의 전문가는 없지만, 20여개의 전문 월간지가 발간된다. 150페이지 정도의 해운물류수산

일본 선주협회 건물 내에 있는 해사도서관 내부 모습

관련 문고판이 1년에도 30권은 출간되는 것 같다. 번역본도 많이 나온다. 공익목적의 사단법인 등에 있는 연구진, 실무담당자들도 경험을 글로 남겨서 공유한다. 과연 우리의 경우는 어떠한가? 이 점에서 우리는 일본의 1/10도 안 된다고 필자는 생각한다. 혼자만 가지고 있어서는 안 된다. 자신이 경험한 바를 글로 남기자. 유튜브의 영상을 남겨서 공유하도록 하자. 이런 공유의 장을 만들자. 조양상선이 파산된 10년 뒤에 한진해운사태가 일어났지만, 조양상선 파산에 대한 과정이나 교훈

해사도서관 입구에서

의 글은 찾아보기 어려웠다. 그 큰 사태가 우리 후배들에게 교훈으로 지식으로 전달되지 않았던 것이다. 관련 종사자들이 해운물류업을 영위하기 위한 다양한 지식을 습득하고 비상시 어떻게 행동해야겠다는 마음의 준비를 하도록 하자. 이것이 물류의 공급측면을 효율화하는 데 기여할 것이다.

제안 5-원로 그룹의 역할

해운분야에는 이런 저런 모임이 많다. 연구회도 몇 개가 있다. 그리고 포럼도 있다. 최고위 과정도 있다. 이런 모임은 각각의 순기능이 있다. 그런데, 전체 산업의 흐름을 조망하고 큰 흐름으로 인도하는 기능은 누가 하고 있으며 해야 하는가? 일본은 눈에 보이지 않지만 그런 어른들이 있다고 하였다. LNG의 건조는 한국 조선소에서 건조해야한다. 그런데, 대형 조선소 3사가 경쟁하여 건조가격이 적정수준이하로 체결된다는 것이다. 왜 조정을 하지 못하는가? 일본이라면 이렇게 되지 않을 것이라고 한다. 보이지 않는 손이 작용하여 사이좋게 적정한 가격을 받게 된다는 것이다.

우리 해운분야에도 이런 보이지 않는 손이 있어야한다. 정부나 연구기관이 할 수 있는 것도 아니다. 업계 자체에 이런 손들이 있어야한다. 주위를 둘러보아도 해운분야에 어른이 잘 보이지 않는다. 공익적이고 객관적인 입장을 견지하면서도 희생과 봉사에 앞장서는 경륜을 갖춘 어른들이 필요하다. 지금부터라도 이런 원로 어른 그룹을 만들어 역할을 하도록 부탁하는 것이 좋겠다.

제안 6-해상법의 방향

물류라는 큰 흐름의 수요측면과 공급측면에 맞춘 법률의 정비도 필요하다. 종합물류계약이 체결되는데, 우리는 지금도 과거의 각각의 개별계약에 초점을 맞추어 법률문제를 해결하고 있다. 해상운송에서 사고가 발생했다면 해상법을, 육상구간에서 발생했다면 육상운송법을 적용하는 식이다. 이제는 종합물류계약을 하나의 독립된 상거래로 격상하여 법률문제를 해결할 필요가 있다. 포장에서 문제가 발생했는지 아니면 운송에서 발생했는지 모를 경우에는 적용할 법규가 없기 때문에 종합물류인은 포장당책임제한의 이익을 누리지 못한다. 이를 상법의 일부로 추가하는 작업이 필요하다.

개품운송(정기선)에 적용되는 헤이그 비스비 규칙은, 화주(송하인)는 약자이고 운송인은 강자라는 전제하에 조약이 만들어져 있고, 우리 해상법도 그렇다. 화주를 보호하는 강행규정이 있다. 그런데, 종합물류계약은 오히려 화주기업이 강자이다. 그렇기 때문에 상법의 전제는 현실과 맞지 않는 부분이 많다. 화주를 보호하는 규정도 있지만 오히려 운송인을 보호하는 강행규정이 필요하다. 개품운송의 규정은 종합물류계약이 체결되는 B2B(해상기업과 화주기업)의 경우와 B2C(해상기업과 일반 소비자)의 경우를 구별하여 현재의 제도는 B2C에 적용하고, B2B에 적용되는 경우는 새로운 제도를 만들어가야 한다.

해상법은 그 연구의 범위를 넓혀서 해운세제, 선박금융, 해사도산, 해사경쟁법에 정기선해운의 특성을 반영한 특별한 제도를 두도록 노력해야한다. 상법에 해상법이, 국제사법에 해상편이, 보험법에 해상보험법이, 등기법에 선박등기법이 따로 있다. 이와 같이 해운이나 선박의 특수성을 반영한 내용이 세법, 해사도산, 경쟁법(공정거래법)에 만들어져야 한다. 해운의 특수성을 반영하면서 예측가능하고 해운산업을 육성하고 보호하여 국제경쟁력을 갖추는 데 기여할 수 있어야 한다.

그동안 필자의 글을 읽고 공감해준 독자들에게 감사의 뜻을 전한다.

(〈한국해운신문〉 2020년 3월 16일)

제 3 장
기타 칼럼

1. 「로지스틱 업계대연구」를 읽고

현재 나는 일본에서 소중한 안식학기를 보내고 있다. 3년 근무한 다음 6개월을 강의없이 자유롭게 연구를 하도록 하는 제도이다. 나는 그동안 하고 싶었지만 미루어 두었던 다양한 학문적인 접근을 하고 있다. 일본의 해운, 물류, 조선업계의 현장을 둘러보고 우리 업계에 도움을 주는 법적 접근을 하는 것이 이번 안식학기의 나의 목표이다. 서점에 여러번 들렀는데, 그 때마다 좋은 책들을 너무 많이 발견하고 사온다. 이번 설연휴 동안에 5일에 걸쳐서 꼼꼼히 읽은 책이 로지스틱스(ロジスティクス) 業界大研究(二宮 護, 産學社, 2020)이다. 참으로 많은 공부가 되었다.

로지스틱스(물류)라고 하면 상품의 수송, 하역, 보관, 포장, 유통

가공 그리고 정보관리의 총합이라고 필자는 설명한다. 일본에서 220개 화주기업의 비용을 조사했더니, 각각의 비중은 수송이 56%, 보관과 하역이 각각 17%, 포장이 4%, 물류관리가 6%라고 알려준다.

위 6가지는 처음에는 각각 따로 화주들이 계약을 체결해서 분리되었지만, 로지스틱스라는 개념이 생겨나면서 하나의 계약으로 통일되었다는 것이다. A화주가 육상운송을 위하여 제1의 계약을 체결하고, 해상운송을 위하여 제2의 계약을 체결하고, 다시 하역계약을 체결하고, 다시 보관계약을 체결하던 것을, 이제는 한 사람과 계약하면 모든 것이 처리되니 화주로서는 이러한 종합물류계약을 선호하지 않을 수 없다. 이에 맞추어 해상운송만을 하던 NYK, 육상운송 전문인 일본통운(日本通運), 하역전문인 미쓰이(三井)창고 등이 모두 종합물류회사가 되었다는 것이다.

2015년 일본 물류산업의 개요를 보면, 총 영업수입이 약 24조 6천억엔(약 260조원)이고 종업원은 216만명이다. 이 중에서 (i) 트럭운송업(택배사업 포함)이 압도적으로 약 160조원 매출에 사업자가 6만2천명, 종원업이 188만명이고 중소기업의 비율이 99.9%이다. (ii) 트럭운송업을 제외하고 외항해운업의 매출 규모가 가장 크다. 약 50조원 규모에 사업자는 194회사, 종업원은 7,000명이다. (iii) 항만운송업이 매출 약 18조원으로 사업자는 868회사, 종업원 5만 1천명이다. (iv) 창고업은 매출 약 17조원으로 사업자는 6,037회사, 종업원수 약 8만 9천명이다. (v) 내항해운업이 매출 약 9조원으로 사업자수는 3,510회사이고 종업원수 6만8천명으로 중소기업 비중이 99.6%이다. (vi) 항공화물운송업이 약 3조 1천억원 매출에 사업자는 21개사 종업원 3만 5천명이다. (vii) 항공이용운송업자(포워더)는 약 5조원 매출에 사업자는 195개사, 종업원 1만 3천명이다. (viii) 외항이용운송업자(포워더)는 약 4조 7천억원 매출에 911개사, 종업원 5천명이다. (ix) 철도이용운송업자(포워더)는 약 3조원 매출에 사업자 1,090개사,

종업원 7,000명이다. (x) JR 항공화물운송업은 약 1조 4천억원 매출에 사업자는 1개사이고 종업원은 6,000명이다. (xi) 트럭 터미널업은 약 2천 9백억원 매출에 16개사이고 종업원은 600명이다.

트럭운송업은 긴 영토를 가진 일본의 특유한 사항으로 국내매출이라고 본다면, 우리나라와 비교할 수 있는 물류사업의 규모는 약 100조원에 종사자 30만명이라고 추산된다. 내항해운의 규모가 우리나라보다 훨씬 크다는 점에 주목하게 된다. 외항해운업의 종사자가 7,000명이라는 통계자료가 편의치적화된 일본 원양해운을 반영한 것으로 보인다. 대부분 외국인 선원이 타고 있을 것이라는 의미이다. 물류회사들은 특별히 분류되지 않았는데, 모회사 및 포워더의 매출에 잡힌 것으로 보인다. 이를테면 유센 로지스틱스는 NYK의 매출에 합산하여 잡혔다고 판단된다.

저자는 일본의 내항해운과 외항해운에 대하여도 비중 있게 설명한다. NYK는 연 매출 20조원, MOL 13조원, K-Line 9조원을 보이고 있다(현대상선 5조원). 정기선 3사들이 정기선 부분에서의 어려움을 극복하기 위하여 이들을 따로 떼어내어서 관리하는 점도 설명하고 있다. 일본의 내항해운(매출 9조원 규모)이 내가 생각했던 것 보다 더 강하게 잘 유지되고 있다는 점도 인상적이다. 내항해운에서 선원 고령화 문제를 해결하기 위하여 운동을 벌였는데, 30대 이하가 3,000명에서 5년 사이에 5,000명으로 늘었다고 하니, 우리나라에도 그 시책을 가져와서 효과를 보았으면 좋겠다.

일본에서도 선주들이 영업상 이점을 얻기 위하여 편의치적선(시꾸미선)을 도입하여 일본 국적선이 92척(2007년)으로까지 떨어졌다. 고베 지진 등을 겪으면서 자국선대 및 자국선의 존재가 필요하다고 생각한 일본정부는 2007년 톤세 제도를 도입하면서 일본 국적선에 일본 선원을 승선시키는 조건으로 이를 허용하였다. 그 결과 효과를 보아 2018년 일본 국적선이 261척으로 증가했다. 일본은 장기적으로 450척, 현재 2,000명으로 떨어진 일본인 선원을 5,500명 규모를 증대시키는 목표를 추진하고 있다.

육상운송은 나의 상상의 범위를 넘어섰다. 트럭을 이용한 택배운송의 규모가 대단했다. 자동차를 이용하는 일본 국내 전체운송의 매출액이 160조원 규모라고 한다. 일본통운(日本通運)이 22조원, 야마토가 17조원, SG(佐川急便)가 12조원 등이다. 긴 국토를 가지고 있기 때문에 그렇다고 생각한다. 포워더(利用運送業者)의 규모는 매출이 13조원이다. 일본통운(日本通運)이 연결 매출로 21조원, 긴데츠(近鐵)가 6조원, 유센로지스틱스가 5조원이 된다.

창고업계도 대단하다. 영업규모가 17조원 시장이다. 미쓰비시(三菱) 창고가 2조 5천억원, 스미토모(住友) 창고가 2조원, 미쓰이(三井) 창고가 2조 5천억원 매출을 보이고 있다. 항만하역(항만운송업)계의 영업규모는 18조원 규모이다. 잘 알려진 가미구미(上組)가 3조원의 매출을 보이고 있다. 이들이 단순하게 창고업만하는 것이 아니라 운송업에도 진출하고 있었는데, 해외에도 진출하고 있다.

나를 놀라게 한 것은 이런 물류회사들이 1860년대 명치유신 때부터 시작했거나 1900년대 초기에 출발한 회사들로서 오랜 전통이 있다는 점이다. 미쓰비시 계열인 NYK, 미쓰이 계열인 MOL이 대표적이다.

최근 들어 택배수요가 폭발적으로 늘어났는데, 이를 delivery 물류라고 부른다. 이 수요를 잡기 위하여 야마토가 크게 활약했고, 너무 지나친 경쟁으로 운임이 낮아서 운전자들이 혹사당하면서도 일하는 시간은 많고 봉급은 적은 문제가 발생했다. 특히 맞벌이 부부 등의 문제로 수령자가 집에 없어서 재배달해야 했으므로 물류회사의 부담이 가중되자, 정부와 민간이 힘을 합하여 국민들에게 이 문제를 호소하고, 편의점 등에 수신처를 지정하여 택배기사들의 고충을 해결해주었다는 점은 감동을 주었다.

물류회사들이 외국의 대형사들과 일본에서 혹은 외국에서 같이 손을 잡고 활동하는 내용도 많았다. 일본에서 물류회사들이 추구하는 바는 대폭적인 수입의 증대보다 안정적인 경영을 추구한다. 안정성을 찾기 위하여는 적과 합병하는 것도 쉽게 하고 조인트 회사를 만들기도 하고 있었다.

우리나라에서는 화주기업들이 만든 몇 개의 2자 물류회사들이 비대해져서 크게 부각되고 있다. 일본에서는 3대 정기선사, 하역회사, 창고업자, 화주기업이 골고루 물류회사를 만들어 진출하고 있다. 그래서 히다찌 물류와 같은 화주기업의 자회사는 존재하기는 하지만, 특별히 위협적인 존재는 아닌 것 같다. 화주기업의 물류수요는 종합물류회사로 진출한 정기선사 · 창고업자 · 하역회사 · 화주기업이 골고루 사이좋게 나누어서 가져가는 모양새이다. 우리나라도 정기선사, 창고업자, 하역회사들이 종합물류회사로 진출할 필요가 있다고 판단되었다.

과문한 탓인지는 모르지만, 우리는 너무 외항해운 자체에 매몰되어있는 것 같다. 이 책의 저자와 같이 물류업이라는 큰 그림을 그려가니, 외항해운에 내항해운, 항만하역업, 창고업, 포워딩까지의 영업이 한눈에 들어온다. 일본도 외항해운은 50조원의 매출이다. 우리나라 매출 35조와 큰 차이가 없다. 그렇지만, 택배를 포함한 트럭운송을 제외하고도 100조원의 시장이다. 우리는 외항해운매출이 35조원이고 이를 5년 이내에 45조원으로 확대 달성한다는 목표만이 알려져 있을 뿐이다. 우리도 내항해운, 항만하역업, 창고업, 운송인으로서 포워딩, 해상보험, 선급업, 선박관리업 등을 외항해운에 포함하여 우리 총해운산업의 매출이 얼마라고 말 할 수 있어야한다. 이들 해운관련 부대산업도 함께 육성할 때 해운산업도 튼튼해질 수 있다. 더 나아간다면, 운송업자, 하역업자, 창고업자도 종합물류기업화 함으로서 물류흐름의 공급자로 거듭나야 화주기업의 물류수요에 순응하고, 국제경쟁력을 가지게 될 것으로 보았다.

마지막으로 첨언하고자하는 것은 우리는 500페이지 이상의 교과서급의 책만 발간하려는 고정관념에 사로잡혀있다. 외형을 중시하기 때문인지 모른다. 일본은 150페이지 정도에 가격도 1만원~2만원 대에 종이표지로 1~2시간이면 읽어낼 전문서적들을 서점에서 쉽게 찾을 수 있다. 해운, 물류, 수산분야도 마찬가지였다. 본서도 마찬가지이다. 우리나라도 자신이 체득한 것, 연구한 것을 가볍게 재빠르게 출간하여 업계에 집단지성이 충만하도록 해야겠다. 나부터 실천하고자 한다. (〈한국해운신문〉 2020년 3월 31일)

2. 선박공유제를 도입하자

최근 필자는 일본에서 6개월 연구생활을 마치고 귀국하였다. 일본 시코쿠의 이마바리(今治)도 다녀왔다. 이마바리는 세계 최고의 해사클러스트라고 자랑하고 있다. 실제로 인구 10만명 정도의 이마바리에는 100여명의 외항상선 선주(船主)사들이 500여척의 선박을 소유하고 있다.

NYK와 같은 운항사(運航社)가 선박이 필요한 경우 이마바리 선주사에게 접근하여 선박건조를 희망하면, 선주는 바로 이웃의 이요(伊了)은행에 가서 대출계약을 체결하고, 이웃의 이마바리 조선소에서 선박건조를 한다. 기타 선박의 건조 후 출항 그리고 관리를 위해서 필요한 보조기관들인 선박등록처, 선급협회, 보험회사 및 변호사의 사무실이 모두 이마바리에 존재한다. 그래서 이마바리 시내에서 원스톱으로 처리가 가능하다.

이를 부산과 비교해본다. 운항사들이 서울에 집중되어있는데, 이는 동경에 운항사들이 집중되어있는 점에서 일본과 우리나라가 동일하다. 다만, 선주사는 우리나라에 존재하지 않고, 운항사가 선주사를 겸하고 있다. 조선소는 울산과 부산 그리고 통영에 있으니 일본과 유사하다. 해양진흥공사 등 선박금융을 제공하는 선박금융 관련 기관들이 부산에 있으니 이 점도 유사하다. 선급협회, 보험사의 지사가 부산에 있으니 이것도 동일하다.
그럼에도 불구하고 우리 해사클러스트는 일본만큼 기능을 하지 못하는 것으로 평가되는데 그 이유는 무언가? 외형적으로는 우리 부산과 이마바리의 해사클러스트는 유사하다. 그러나, 아직 경쟁력을 갖출 단계에까지 올라서지 못했기 때문이다.

일본에서는 선주사(owner)는 선박을 소유하고 관리하는 일만하고 운항은 전혀하지 않는다. 선주사는 NYK, K-Line, MOL과 같은 굴지의 운항사에게 선박을 10년, 20년 장기로 빌려준다. 이들 운항사가 지급하는 용선료로 은행의 대출금을 선주사가 갚는다. 운항사는 워낙 튼튼하기 때문에 신용이 아주 높다. 그래서 은행으로부터 대출금 이자를 낮출 수 있다. 이미 선주사 자체도 튼튼하기 때문에 선박 건조시 혹은 중고선도입시 자기자본을 20%에서 30% 넣는다. 이에 비하여 우리는 열악한 재무상태 때문에 10%만 자기자본을 넣을 수 있을 뿐이다. 은행으로부터 90% 대출을 받아야하므로 선박자체로 담보가 부족하니 대출이자가 높을 수 밖에 없다. 일본의 이자율은 원래 우리나라보다 낮다. 결국 우리나라 선박건조 대출금은 6% 정도인데, 일본은 1~2% 정도이다. 이미 4% 정도의 대출이자율 차이의 불리함을 안고 있는 우리 선주(운항사)들은 일본과 경쟁하기가 힘이 든다. 우리 선사는 대출금 상환의 압박이 더 높고, 불경기가 오면 그 대출금을 갚지 못하여 도산에 이르고 만다. 이런 경향이 해방 후 우리 해운을 지금까지 옥죄오고 있다. 해운에 대한 대국민적 인상이 좋지 않은 상황에서 외부로부터의 해운회사에 대한 투자는 난망하다. 우리나라 해사 클러스트도 선주들에게 낮은 이자율의 선박금융이 이루어지도록 해야 한다.

일본과 같이 선주사 제도를 활성화해야 한다. 우리나라는 일본과 같은 독립된 선주사가 없다. 선주사는 선박을 소유하고 현대상선(HMM)과 같은 운항사에게 선박을 빌려주는 영업을 한다. 그런데, 이 선주사는 선박건조시 10%가 아니라 30% 자기자본으로 하고 선가의 70%만 대출을 하도록 하여 이자율을 낮추고 상환부담을 줄여주어야 한다. 이렇게 하면 우리 용선자에게도 낮은 용선료로 선박을 빌려줄 수 있고, 운항사인 용선자도 금융비용이 낮아지므로 화주에게 낮은 운임의 제공이 가능할 것이다. 이렇게 하여 우리 운항사들이 국제경쟁력을 확보할 수 있도록 해보자.

선박공유제도를 활용해보자. 한 척의 선박은 한 회사만 100% 소유한다는 고정관념에서 탈피하자. 선주사는 자기자본 10%만 투자하고, 해사클러스트를 형성하는 항만공사, 조선소, 해상보험회사, 화주, 물류기업 등이 각각 일정한 몫을 선박에 투자한다. 이렇게 하여 한척에 30%의 자기자본을 마련한다. 이들 참여자도 선박에 지분을 가지는 것이다. 선주사의 주식을 가지는 것이 아니라 선박에 대한 소유자가 되는 것이다. 용선자로부터 획득하는 용선료에서 선가의 70%인 대출금을 상환하고 나면, 이들은 자신의 소유 지분만큼 이익금을 배당받게 된다.

해운불황기에 선뜻 투자를 할 사람들은 없을 것이다. 이들의 참여를 독려하기 위하여 약간의 세제상의 혜택을 주도록 하자. 이렇게 건조될 선박은 지분을 갖는 조선소에서 건조될 것이고, 공동 소유자인 해상보험회사에 가입할 것이고, 그 화주의 화물을 장기운송하면 될 것이다. 이렇게 상생하는 구조를 만들어 가자는 것이 필자의 제언이다. 이렇게 하여 육성된 부산소재의 선주사가 이런 형태의 선박 120여척을 가진다면, 우리 선사들이 운항하는 선박의 10%를 점유하게 될 것이다.

이렇게 되면 이러한 선주사, 선박금융사, 선박관리사들이 주축이 된 부산 해사클러스트는 명실상부한 동아시아의 해운산업의 중심이 될 것이다.

(〈부산일보〉 2020년 6월 7일)

3. SNN 인터뷰 기사

– 안식학기를 마치고 학교로 복귀한 김인현 교수에게서 듣는다 –

Q 일본에서 어떤 연구나 활동을 하셨는지요?

A 먼저 코로나 바이러스 사태로 해운/물류 분야에서 불황을 극복하기 위한 노력을 경주하시는 해운/물류 업계, 관계, 금융계, 해사언론계 여러 관련자들께 노고에 감사드립니다.

아시다시피, 저는 2019년 9월 1일부터 2020년 2월말까지 동경대학교 법과대학에 교환교수로 있으면서 연구와 현장방문 등으로 일본 해운/조선/물류를 익히려고 노력했습니다.

일본 선주협회, 일본 해사센터, 이마바리조선소와 도운기센, 한국의 현대상선, 고려해운, 남성해운 동영해운, 태영상선, 시도상선 등 한국지점을 방문했습니다. 판토스 동경지점, 현대중공업 동경지점, 산업은행 동경지점도 방문해서 현지 사정을 들었습니다. 일본의 선주사, 물류회사 담당자들과 교류했습니다. 우리 선사들이 현지의 지점에서 물동량을 늘리려고 애쓰는 모습을 보았습니다. 저는 이러한 만남을 통하여 물류의 글로벌한 흐름과 앞으로 우리 기업들이 경쟁력을 갖추기 위하여 우리나라가 해야 할 일, 그리고 해상법 학자로서 저의 사명도 생각해보았습니다. 동영해운 서명천 부회장님, 시도상선 김기석 부사장님, 서정령 현대상선 동경대표님, 국제적 선박관리회사인 빌헬름의 이상수 대표님, 한국선급 동경의 김종신 대표님, 태영상선의 박영수 대표님, 판토스 동경의 공강귀 대표님의 도움을 많이 받았습니다. 이 기회에 감사드립니다.

일본 해상법 교수, 해상변호사들과 교류했습니다. 와세다의 하코이 교수, 동경대의 후지다 교수, 동경대 명예교수인 오치아이 교수님, 오카베&야마구치의 야마구치 변호사님 등을 만났습니다. 일본은 1898년 제정된 해상법을 처음으로 개정하여 작년 5월부터 적용하고 있습니다. 2007년에 개정된 우리 해상법은 이제 일본보다 구법이 되어서 일본의 신해상법을 검토하여 우리의 개정작업에 반영할 부분도 있습니다. 일본은 또한 금년 10월에 세계해법회(CMI) 대회를 개최하게 되어 이 준비에 한창이었습니다. 일본은 1960년대에 이어 벌써 두 번이나 이 대회를 개최하게 되는데, 우리나라도 분발해야할 것 같습니다.

저의 연구결과는 한국해운신문에 일본해운물류 깊이보기라는 제목으로 7회 기고 되었고, 해양한국 일본해상법교실이라는 제목으로 5회 기고되었습니다. 일본에서 연구한 것은 작은 책으로 펴낼려고 합니다.

Q 일본 해운에서 배울 점이 있다면 어떤 것이 있는지요?

A 일본 해운은 3대 선사가 모두 그룹 소속으로 그룹 산하의 조선소, 철강, 보험 등과 긴밀하게 짜여져 있어서 불경기 등에 잘 견디는 구조로 파악되었습니다. 이에 비하여 우리 해운산업은 고도(孤島)에 떨어져 있는 것과 같은 차가움과 외로움을 느끼게 합니다. 우리도 이런 구조를 만들어야 할 터인데 안타까웠습니다.

일본 해사센터

2자 물류회사를 유심히 보았습니다. 화주의 물류자회사는 히타치 물류와 같은 것이 있기는 했지만, 우리나라와 달리 여러 대형물류 자회사가 공존하고 있어서 2자 물류회사의 규제문제는 없었습니다. 해상운송사인 NYK, MOL, K-Line이 모두 물류자회사를 가지고 있고, 하역회사인 가미구미도 물류자회사를 가집니다. 육상운송업자인 일본통운도 마찬가지입니다. 창고업자인 미쓰이, 미쓰비시 창고도 물류자회사를 가집니다. 이렇게 각 분야에서 종합물류업에 진출해 있으니 화주 물류자회사가 우리와 달리 독점적인 지위를 갖지 않았습니다.

일본은 선제적인 대응을 잘 하는 것으로 보입니다. 3개 정기선사가 The One이라는 운영사를 별도로 만들어 경쟁력을 갖추려고 했습니다.

일본 해운/물류 업계는 집단지성이 잘 갖추어졌구나 판단했습니다. 해사재단에서 운영하는 도서관에 가보았는데, 해운관련 월간지 등 저널이 30여종은 되었습니다. 우리나라는 5종 정도라고 생각됩니다. 실무자들이 자신이 경험한 것, 유의해야할 것을 기록으로 끊임없이 만들어 많은 사람들이 공유하도록 하는 자세가 돋보였습니다. 해운관련 산업에 종사하는 분들의 해운에 대한 전문지식이 전체적으로 보아 우리보다 높기 때문에 위기에도 공감대 형성이 쉬워서 일사분란하게 위기탈출이 되고 안정적으로 해운업이 영위되는 것으로 보았습니다. 우리나라도 자신이 알고 있는 것을 조그만 책자나 저널에 글로 남겨서 같이 공유해야 하는데, 너무 더디고 그런 분위기도 잡혀있지 않습니다.

일본 해사센터의 마쓰다 박사(좌)와 나카무라씨(우)

Q 현재 COVID-19로 전 세계가 어려움에 처하고 있는데 앞으로 세계 경제를 어떻게 보시는지요?

A 중국을 중심으로 COVID-19로 인하여 공장가동이 중단되었기 때문에 외국에 공장을 두고 생산하여 자국으로 이동시켜던 물류의 흐름이 크게 달라질 것으로 보입니다. 안전한 자국 내에 공장을 두던가, 아니면 가장 가까운 이웃에 두게 될 것입니다. 또한 식량과 같은 경우 자급자족하는 경향이 나타날 것입니다. 이런 두가지 요소는 세계교역량을 줄이는 결과가 될 것입니다. 따라서 해운에 대한 수요가 줄어들 것으로 예상됩니다. 그렇지 않아도 선복이 과잉인데, 앞으로 선복량을 줄이지 않을 수 없게 될 것으로 보입니다. 선박건조량도 줄어들 것이고요.

경제활동이 축소되기 때문에 선박 운항비의 상당부분을 차지하는 원유가격의 하락으로 연료비가 감소되는 것은 선사들에게 플러스 요인이 될 것으로 보입니다. 장거리 운항보다 단거리 운항이 많아지면 초대형선보다 중형선이 더 선호되는 반전이 있을 것이 아닌가 생각되기도 합니다.

Q 우리 해운계나 물류회사들이 어떤 대책을 세우는 것이 좋다고 보시는지요?

A 금융기관이 해운 물동량이 장차 줄어들 것으로 본다면, 해운의 미래를 불확실하게 보는 것이므로, 대출금 만기상환의 연장이나 운영자금 대출 등을 꺼리게 될 여지가 많습니다. 이자율도 높아질 것이고요. 그렇기 때문에 이런 애로를 어떻게 풀어나갈 것인지가 중요할 것 같습니다. 특히, 우리나라는 일본에 비하여 선사들의 재무구조가 나쁘지 않습니까? 다량의 차입으로 선박을 보유하고 있으니까요. 제가 알기로는 우리나라는 자기 자본 10%에 금융차입이 90%에 달합니다. 일본은 선주사가 자기 자본 30%에 금융차입이 70%에 지나지 않습니다. 그리고 이자율도 우리가 4% 정도 높기 때문에 이러한 불경기가 닥쳤을 때 우리 선사들이 더 견디기가 어렵지 않나 싶습니다. 물론 튼튼한 재무구조를 가지는 우리 선사도 몇 회사가 있습니다.

더구나, 물동량이 줄어들면, 공급도 줄어야하므로 계선하는 선박들이 늘어날 것입니다. 그러면, 선가도 떨어질 것인데, 고정된 원리금과 높은 이자는 그대로 상환해야할 처지에 우리 선사들이 놓일 것으로 보입니다. 일본의 선주사/운항사 구별제도와 달리 우리는 선사들이 모두 선주처럼 선박을 보유하고 있으므로, 일본에 비하여 더 타격이 클 것으로 봅니다. 일본은 선주사들이 그 충격을 줄여줄 것입니다.

장기적으로 물동량이 준다고 보면, 전 세계적으로 선복의 감축이 필요할 것인데, 우리나라는 충격없이 이를 어떻게 추진할 것인지 업계에서 자주적인 대책이 마련되어야 할 것으로 봅니다.

몇 개월 묶혀있던 물동량이 확 나타나서 단기 상승의 여지도 있기 때문에 우리가 현재의 상황을 잘 견디어 내고 상승기를 잘 올라타야겠습니다. 그 몇 달을 잘 견디어 내도록 금융지원이 이루어져야겠습니다. 대출금 상환 연기등이 고려될 수 있을 것입니다.

Q 해상법 분야는 어떤 변화가 예상되는지요?

A 가장 주목받는 것은 해사분야 경쟁법입니다. 경쟁법은 해운 선사들을 경쟁시켜 운임을 자유화시켜 소비자인 화주를 보호하는 것이 큰 목적인 것처럼 보입니다. 선복이 넘칠 때는 운임은 그 목적을 달성하고도 남을 정도로 낮아지게 됩니다. 결국 한진해운이 파산에 이르게 되었고 화주들이 피해를 보았습니다. 경쟁법이 지향하는 바가 무언지 헷갈리게 됩니다. 공급이 과잉으로 선사들이 도산에 이를 정도이면 운임유지를 위한 공동행위는 인정되어야 한다고 봅니다. 장차 모든 것이 축소되는 상황에서 공급과잉 상태를 벗어나서 생존을 위하여 해운선사들이 공동으로 자구책을 마련하는 것은 "불황극복을 위한 산업의 구조조정"으로 경쟁법 예외규정을 근거로 유효성을 인정받을 여지가 많다고 봅니다. 이를 잘 활용할 필요가 있습니다. 미국의 FMC와 같은 가칭 "해운물류 공정거래위원회"를 설치할 계기가 될 것으로 보입니다.

화주기업도 비용절감과 인력감축을 위하여 종합물류화를 더 가속화 시킬 것으로 보입니다. 이 경우 우리 선사들도 정기선, 부정기선

할 것 없이 이런 추세에 맞출 수 있도록 공급측면에서 종합물류 기업화되어야 할 것입니다. 이에 맞추어 종합물류계약을 상법에 독자적인 계약형태로 두도록 해서 법률이 이를 뒷받침해야 합니다. 지금은 해상운송, 육상운송, 창고업, 하역업, 주선업(포워딩)을 따로 따로 개별적으로 손해배상문제를 처리했습니다. 앞으로는 종합물류기업이 전체 계약상 하나의 의무자가 되어 화주기업은 이 기업에게 계약상 책임을 물으면 될 것이지, 건건 별로 채무자를 찾아 손해를 청구하는 일을 하지 않아도 되게 됩니다.

해상법의 기능이 분쟁해결에 초점이 맞추어져있었지만, 장기불황의 경우에는 조장하는 기능이 더 중요하게 기능해야 합니다. 어떻게 하면 해상법이 해운선사 혹은 화주기업의 경쟁력을 갖출 수 있게 해줄 것인지, 법률을 만들어 나가야 합니다. 이런 의미에서 해운회계법이나 해운세제법도 중요하게 될 것입니다.

해운산업, 물류산업은 국제적인 산업이기 때문에 경쟁이 치열합니다. 화주기업도 마찬가지입니다. 이들 기업을 보호해주어야 합니다. 무역과 물류의 흐름에 종사하는 이들 기업은 외국과의 경쟁이 없는 내수용 산업과 다릅니다. 그래서 상법에도 이를 반영한 해상법을 따로 두었습니다. 근로기준법이 있음에도 이와 독립된 선원법이 있는 것도 같은 이치입니다. 그런데, 채무자회생법은 해운산업을 위한 특별한 규정이 없습니다. 한진해운 사태에서 해운의 특성을 반영하지 못하고 있음을 발견했습니다. 이와 같이 각 기본법에 무역이나 해운의 특성을 반영한 특별규정을 두는 작업을 할 필요가 있습니다. 이런 위기의 상황에 특별법이 잘 만들어 집니다. 미리 미리 준비를 하면 좋겠습니다.

Q 마지막으로 현 시점에서 해운물류관련자들에게 전달하고 싶은 말씀을 해주십시오.

A 정기선의 경우입니다. 포워더 및 물류회사들은 고가의 선박을 보유하고 있지 않기 때문에 그나마 사정이 해운사들보다 나을 것입니다. 이들은 금융비용의 지출이 적다고 봅니다. 물류회사들은 물류의 전과정에 대한 계약상 책임을 부담합니다만, 해상운송을 위한 선박을 보유하지 않고 선사들에게 하청을 주는 형식입니다. 전체 물류

의 흐름에서 가장 큰 덩치인 해상운송에서 필요한 선박의 확보는 전적으로 선사들에게 일임되어 있습니다. 그렇다보니, 이런 불황의 파도를 해운사들이 가장 크게 받게 됩니다. 고정된 원리금상환과 높은 이자부담입니다. 이런 물류생태계를 관련 당사자들이 잘 이해해야합니다. 이런 점을 고려하면 선사에 대한 보호와 지원이 더 급하고 절실하게 느껴집니다.

물량이 작아지고 공급이 많게 되면 경쟁이 치열해져서 운임이 떨어지는 일이 일어날 수도 있을 것 같습니다. 이 어려운 시기에 경쟁력이 없는 회사는 낙오하여 회생절차에 들어가서 없어질 수도 있겠지만, 몇 개 선사끼리 Pool을 형성하여 수입을 균등하게 나누면서 위기를 극복하는 방안도 있겠습니다. 우리나라 우정사업본부에서 이런 형식으로 구조적으로 적자가 나는 지방 우정국의 적자경영을 도와주고 있는 것을 보았습니다.

앞으로는 경제활동이 위축되기 때문에 모든 부분에서 매출이나 수입에서 최소한 −10%는 각오를 해야 하지 않나 싶습니다. 모든 경제주체들이 어려움을 감수하고 큰 위기를 잘 넘어가야겠습니다. 세계는 보호주의와 자국우선주의가 되지 않을 수 없을 것입니다. 우리 화주, 선주, 조선소, 선박금융, 물류는 자국우선주의를 취하면서 우선 국내사들이 생존하며 자급자족할 수 있도록 해야 할 것으로 봅니다. (〈SNN 쉬핑뉴스넷〉 2020년 4월 13일)

[부록 1]

일본의 船主社와 運航社 분리운영 구조에 관한 연구 – 한국의 국적취득조건부선체용선 구조와의 비교를 중심으로 –

Ⅰ. 서 론

해상법은 해상기업의 영리활동을 다루는 법이다. 해상기업이란 선박을 이용하여 영리활동을 하는 자이다. 선박을 이용하는 경우에도 소유하는 경우와 용선하여 빌려오는 경우가 있다.[1)]

선박소유자가 자금이 풍부할 때에는 자신의 자금으로 선박을 건조하거나 중고선을 매입하여 자신의 이름으로 등기를 하여 소유하면 된다. 그러나 선박은 고가의 동산이기 때문에 선박소유자는 자신의 자금만으로 선박을 소유할 수가 없고, 선박금융회사로부터 융자를 받아 선박을 소유 혹은 보유하게 된다.[2)]

1) 김인현, 「해상법」(법문사, 2018), 45면.

소유자가 소유하는 선박을 일정기간 빌려와서 자신의 영업에 사용하는 것을 용선이라고 한다. 용선의 방법에는 선체용선(나용선)계약과 정기용선계약이 대표적이다. 선체용선계약은 선박소유자가 선박의 본체만을 빌려주면 용선자가 선원을 포함하여 선박을 의장하고 마치 자신이 소유하는 것처럼 선박을 장기로 운항하고 돌려주는 방식의 용선계약이다.[3] 이에 반하여 정기용선계약은 선박소유자가 선원을 배승시킨 상태의 선박을 용선자가 1년에서 5년 정도 빌려서 사용하는 계약이다.[4]

선박을 소유하는 것과 용선하는 것의 중간 정도에 국적취득조건부 선체용선계약(BBCHP)[5](이하 국취부 선체용선)이라는 제도가 있다. 이것은 실제 소유자인 사람이 금융사에게 부탁하여 금융을 일으켜 선박을 건조하지만, 일단 소유권은 해외의 특수목적회사(SPC)[6]에 두고, 선가에 대한 용선료를 20년 정도 납입하여 용선기간이 끝남과 동시에 소유권을 자신이 취득하는 형태의 용선계약이다. 현재 법률적으로 자신은 용선자에 지나지 않지만, 장차 자신이 소유권을 취득할 것이 예정된 경우이다. 따라서 선

이마바리에 있는 도운기센

2) 선박금융에 대한 자세한 해설서로는 이기환・오학균・신주선・이재민 공저, 「선박금융원론」(두남, 2016)이 있다.
3) 谷本裕範, 「傭船契約の實務的 解說」(成山堂書店, 2018), 27면; 김인현, 전게서, 178면.
4) 谷本裕範, 상게서, 109면; 김인현, 전게서, 189면.
5) Bareboat Charter Party Hire Purchase의 약자이다.
6) Special Purpose Company의 약자이다.

박을 소유하는 것과 용선하는 것의 중간 정도의 효과가 있는 것이라고 볼 수 있다.[7]

우리나라의 경우 최근 선박을 보유하게 되는 대부분의 경우는 해외에 설치된 특수목적회사(SPC)－국취부 선체용선(BBCHP)의 형태를 취하여 왔다. 이러한 구조를 취하는 이유는 첫째, 도산절연이 되기 때문에 금융회사가 자신을 보호하기에 유리하고, 둘째, 차금은 선체용선자의 할부금의 납부로 보장되기 때문에 채권자인 금융회사에게 유리하다는 것이었다.[8]

그런데, 일본에서는 선주사와 운항사가 분리되는 형태가 대세이다.[9][10] 즉, 우리나라와 달리 운항사는 선박을 소유하려는 의사가 없이 빌려서 사용하고 다시 돌려주는 형태의 선박보유구조를 가지고 있다는 것이다.[11] 운항은 하지 않고,[12] 대선업만을 전문으로 하는 전업 선주사들이 일본에는 50여개 이상 있는 점도 특이하다.[13]

우리나라의 경우 너무 많은 선박회사들, 특히 인트라 아시아 정기선사들이,[14] 선주사와 운항사를 겸하는 구조가 경쟁력을 떨어뜨리고 해운불황시에 도산의 위험이 많다는 지적이 나왔다.[15] 이에 일본

---

7) 국취부 선체용선에 대한 자세한 논의는 김인현, "국적취득조건부 선체용선의 법률관계", 「한국해법학회지」 제39권 제1호(2017.5.), 7면 이하가 있다.

8) 木原知己, 「船舶金融論」(海文堂, 2016), 111면.

9) 운항사를 일본에서는 operator(オペレーター)라고 부른다. 이에 대하여 木原知己는 "하주로부터 의뢰를 받은 화물을 해상운송하는 기업을 말한다. 선박을 용선하는 측면에서 보면 용선자이다"고 설명한다. 箱井崇史 木原知己, 「船舶金融法の諸相」(成文堂, 2014), 4면.

10) 자신이 선박을 소유하면서 선박을 운항하는 경우를 선주 겸 운항사라고 부른다. 이런 형태도 일본에 많이 있다. 上揭書, 4면

11) 한종길, "일본선사는 어떻게 생존하여 왔는가(4)", 월간 해양한국 2015.1월호.

12) 자신이 화주와 운송계약을 체결하는 지위에 있지 않다는 의미이다.

13) 이에 대한 자세한 논의는 한종길, "이마바리 해사클러스트의 사례분석", 「해운물류연구」 제34권 제4호(통권 제101호)(2018.12.), 695면 이하가 있다.

14) 고려해운, 장금상선, 흥아해운, 남성해운, 천경해운, 동영해운, 범주해운, 동진상선, 태영상선 등 14개의 한국에서 아시아권을 정기적으로 운항하는 선사를 말한다.

의 선주사–운항사제도를 도입하자는 논의가 있다.[16]

이와 함께 정책금융사들이 선박을 소유하여 공급하는 tonnage provider의 기능을 하자는 주장도 논의된 바 있다.[17] 이 제도는 일본의 선주사–운항사 분리제도에서 금융사가 실제소유자가 되는 것이 아니라 일반 선박회사가 실제소유자로서 선주가 된다는 점에서 차이가 있다.[18]

이에 필자는 일본의 경우 선주사들에게 선박건조자금을 대출하는 금융사와 기타 관련자들은 어떠한 지위에 있는지 자신의 보호는 어떠한 방법으로 하는지를 우리나라의 BBCHP 구조와 비교하여 살펴보고자 한다.

Ⅱ. 한국과 일본의 선박보유 현황

1. 일 반

2016년 한진해운 사태 직후 일본에서 공부하고 연구한 전문가들이 우리나라 해상기업들의 선박보유 형태가 잘못되었다고 지적했다.

---

15) 선주와 운항은 다르다. 선주는 선박을 소유 혹은 보유하는 것이지만, 운항은 운송계약을 체결하여 운송인이 되는 것이다. 우리나라 선박회사는 선박을 소유도 하면서 운송계약을 체결하여 운항도 한다.

16) 전게 한종길 칼럼; 김인현, “일본해운조선물류산업 깊이보기–일본의 선주사와 운항사분리제도”, 한국해운신문, 2019.11.18.

17) 2018.9.29. 고려대에서 개최된 제29회 선박건조금융법연구회에서는 금융형 선주사의 육성의 장단점에 대하여 깊은 논의가 있었다. 자세한 내용은 고려대 해상법연구센터 Maritime Law News Update 제25호(2018.11.25.), 6면 이하가 있다. 김인현 교수는 좌장으로서 대선회사를 주제로 선택한 이유에 대하여 (i) 한진해운 사태에서 선주사–운항사 분리제도의 필요성이 제기됨, (ii) 일본의 정기선사 3사가 THE ONE을 결성, 각 선사가 선박에 대한 소유권을 가지면서 선박은 모두 정기용선의 형태로 빌려주어서 마치 선주사–운항사의 역할분담이 된 점, (iii) 장금상선과 흥아해운이 통합선사로서 운항사를 만든다고 하는데 이와 유사한 논의가 진행되고 있는 점을 예로 들었다.

18) 전자를 금융형 선주사(financial tonnage provider), 후자를 상업형 선주사(commercial tonnage provider)로 부른다.

우리나라의 경우 모두 선주사가 되기를 원해서 선박을 소유하게 되는데, 불경기가 와서 운임수입이 줄어들면, 빌린 돈을 갚기에 급급하고 결국 도산에 이르게 된다는 것이다. 그래서 선주사(owner)와 운항사(operator)를 구분하자는 안을 대안으로 제안하였다. 그 예로 일본을 들면서, 일본은 상당히 많은 선주사들이 있다는 것이다. 이 선주사들은 선박을 소유하고 운항을 하지 않는다는 특징을 가진다. 그런 다음 이들은 자신이 소유하는 선박을 운항사들에게 장기로 빌려준다는 것이다. 이렇게 되면 불경기가 와도 운항사들은 대출금이 없기 때문에 쉽게 불경기를 넘어갈 수 있다는 것이다.[19] 선가의 하락이나 금융사에 대한 원리금상환의 부담은 선주사가 부담하는 것이지 운항사는 부담하지 않는다는 점에서 장점이 있다고 한다.[20]

2. 한 국

한국선주협회의 2019년 해사통계 자료에 의하면, 2018년 말 기준 993척의 외항상선 중 516척의 선박이 BBCHP 방식의 소유 구조

19) 2011.9.2.자 쉽핑 가제트의 기사에 의하면 선주협회 중견선사 사장단 모임에서 선주사와 운항사들이 역할 분담을 통해 중소선사들이 선박금융을 하기에는 어려움이 있으므로 펀드들이 선주사의 역할을 하자는 안이 제안되었다; 2018.9.28. 개최된 제29회 선박건조금융법 연구회에서도 이 주제를 가지고 발제와 토론이 있었다; 김인현 칼럼(51) 한국해운산업발전방향에서 김인현 교수는 선주사의 육성과 그 보완책을 설명했다. 한국해운신문 2019.3.26.자; 한종길, "해양수도 부산 새먹거리, 선주업 육성을" 국제신문 2019.4.30.자.에 기고하였다. 한 교수는 우리나라는 선사가 크든 적든 소유와 운항을 함께해 위기가 심화되었다. 대형운항사는 운항에 전념하고 선주사들은 이 선박을 공급하는 역할분담을 하자고 주장한다.

20) 해상법학자인 필자로서는 이 주장에 대하여 세 가지 의문점을 가졌다. 첫째, 선주사들이 선박에 대하여 선체용선이 아니라 정기용선을 주는데 과연 이것이 가능하고 유리한 것인지? 둘째, 해상 기업이 선박을 소유하지 않고 용선된 선박만으로 있다는 것은 화주의 입장에서는 자신의 채권을 담보할 채무자의 자산이 없다는 것인바, 화주 자신에게 불리하므로, 이런 형태의 운송인을 화주는 기피하게 될 터이다. 그런데도 일본은 어떻게 가능한 것인가? 세번째, 금융대출을 하여주는 금융회사는 자신을 어떻게 보호하는가? 본 논문은 이러한 의문을 풀기위한 연구이다.

를 취하고 있다.[21] 국내 외항상선 중 약 50%가 소유권 유보부 형태로 확보되는 것이다. 자기 자본만으로 선박을 소유하는 것이 어려운 국내 다수의 해상기업은 BBCHP 방식으로 금융사로부터 자금을 차입함으로써 선박을 건조하거나 매입한다. 타인의 자본을 활용하여 최대 영업자산인 선박을 확보하고, 일정한 기간의 경과 후 그 선박의 소유권을 최종적으로 취득할 수 있다는 점에서 국내 해상기업들은 BBCHP 방식을 선호하여 왔다.[22]

한국의 선박회사들은 선박을 소유 혹은 보유도 하면서 운항사가 되려고 한다.[23] 운항사가 된다는 것은 운송인이 된다는 의미이다. 선박을 소유하는 자가 화주와 운송계약을 체결하여 그 소유선박을 운송에 사용할 수 있다. 이 경우 그는 선주사이면서 운항사가 된다. 선박을 소유하는 자가 선박을 모두 운항사에게 빌려주고 자신은 화주와 운송계약을 체결하지 않는 경우 이 자는 선주사만 되고 운항사의 역할은 하지 않는 것이다. 우리나라는 이런 경우는 매우 드물다. 한진해운과 현대상선의 경우는 자신이 선박을 상당량 보유하면서 다시 용선을 하여 화주와 운송계약을 체결, 이런 선박을 운송에 투입해왔다.

이 점에서 일본과 같이 선주는 선박을 소유 및 관리하고, 운항사는 화주와의 영업에만 전념하는 것과 우리의 것은 차이가 있다.[24]

---

21) 예를 들면, 국내 N 정기선사는 2000년에서 2006년 사이에 3척의 선박에 대한 원리금을 상환하고 소유권을 취득하였다. 대출금은 2척은 107억원, 1척은 217억원이었으나 원리금 상환기간이 10년으로 종료되면서 원리금도 모두 상환하였다. 한편 2012~2013년 사이에 3척의 선박을 BBCHP로 보유하게 되었다. 마샬 아일랜드에 등록을 하고 크기는 총톤수 2만톤 전후이다. 척당 가격은 약 300억원이고, 자기자본금은 20% 납부했고 원리금상환기간은 10년이다.

22) 정우영 · 현용석 · 이승철, 「해양금융의 이해와 실무」(한국금융연수원, 2017), 178면.

23) 현대상선, 대한해운, SK 해운, 팬오션, 고려해운, 남성해운, 동영해운, 장금상선 등 거의 모든 해상기업들이 그러하다.

24) 선주사와 운항사의 구별은 해상법상의 용어는 아니고 경영학 상의 용어이다.

일본은 운항사의 역할을 하지 않고 오로지 선주사의 역할만 하는 회사가 50여개 된다. 그렇지만, 우리나라에서는 선주사만으로 기능하는 회사는 거의 없다.[25)]

3. 일 본

일본 지배선대는 2,496척인데 파나마에 1,433척, 일본에 261척, 라이베리아에 156척, 마샬 아일랜드에 128척, 싱가포르에 123척, 홍콩에 96척이 등록되어 있다. 일본 운항회사의 보유(일본적선) 261척,[26)] 일본의 운항회사의 자회사가 해외에 보유 830척(외국적선, 33%), 일본의 선주사의 해외자회사 827척(33%),[27)] 기타 해외선주회사가 보유하는 외국적선 578척이다.[28)] 운항회사의 자회사 830척은 NYK와 같은 회사들이 직접 소유하는 선박일 것이다. 운송을 담당하지 않는 선주사들이 827척을 보유하고 있고, 그 비중이 전체선대의 33%라는 것이 놀랍다.[29)] 이러한 선주사 중 30%는 시코쿠(四國)

25) 시도상선과 창명해운이 대표적인 선주사를 표방하는 회사이다. 혼합형으로는 동아탱커가 있다. 전체 중에 몇 척의 선박은 선주사로서의 기능을 해서 운항사에게 용선을 하여 준다.

26) 일본에서는 선박금융을 회사형 선박금융, 프로젝트형 선박금융, 자산형 선박금융으로 분류한다. 회사형 선박금융은 운항사들이 선박소유자가 되는 금융으로서 자신들의 높은 신용으로 담보를 구한다. 프로젝트형은 해외에 세우는 SPC를 해외에 세우고 장기용선계약 등으로 금융이 보강되는 형태이다. 운항사와 선주의 신용으로는 담보가 되지 않기 때문에 선박의 가치를 담보로 금융이 제공되는 형태이다. 箱井崇史 木原知己, 前揭書, 9면; 운항사 보유 261척은 이와 같은 회사형 선박금융으로 보인다.

27) 일본의 시코쿠를 중심으로 많이 있다. 木原知己, 「シップファイナンス－船舶金融概説」(海事プレス社, 2010), 4면. 에히메현의 이마바리(今治)에 본사를 두고있는 正榮汽船(Shoei Kisen), 닛센, 간바라, LIBERA가 대표적이다. 시스펜이나 조디악도 그러한 선주사들이다.

28) 일본선주협회 발행, 일본해운 Shipping Now 2019~2020자료.

29) 한종길 교수에 의하면 2014년 현재 일본선사는 3,316척을 소유하는데 31.2%에 해당하는 1,035척을 약 50개의 선주사로 구성된 에히메 선주(이마바리 선주)가 보유하고 있다고 한다. 용선료 수입이 연간 5조원에 달한다고 본다. 전게 해양한국 칼럼.

에히메현의 이마바리(今治) 선주들이라고 한다.[30] 우리나라는 창명해운이 이런 선주사를 지향했을 뿐이지 그 비중은 미미하다.[31]

일본의 대형선사인 NYK, MOL, K-Line과 같은 해상기업이 동경과 이마바리 등에 산재하는 선주들에게 접근하여 운항의 목적으로 선박이 필요하고, 10년 장기용선계약을 체결할 터이니 선박을 건조해서 빌려달라는 부탁을 하게 된다. 오랜 거래관계에 있는 운항사의 부탁이니 선주사는 거래은행과 조선소를 접촉하여 선박건조를 시작한다.

건조되는 선박에 대하여 파나마 등에 특수목적회사(Special Purpose Company: SPC)가 설치된다. 선주사는 관리인(manager)으로 나타난다. 물론 등기부상의 선박소유자는 SPC인 종이회사이다. NYK와 같은 운항사와 SPC는 선박에 대한 10년 동안의 장기운송계약을 체결한다. SPC와 정기용선자와의 계약에서는 사실상 선주사의 직원이 나타나서 계약을 체결한다.

4. 양국의 비교

SPC를 해외에 설치하여 선박에 대한 형식상 소유권은 파나마 등의 SPC가 가지도록 하는 점은 우리나라와 같다. 그러나, 선박의 대여방식이 크게 다르다.

첫째, 우리나라의 경우 실제 선주는 선체용선자(BBC)로 나타나지만, 일본에서는 관리인(manager)으로 나타난다.[32] 어느 경우에나 해외에 종이회사인 SPC가 설치되는 점에서는 동일하지만, 배후의 실

30) 자세한 논의는 한종길, 전게논문, 700면을 참고바람. 이마바리는 조선 및 해운이 집약된 해사산업 클러스트로 널리 알려져 있다.
31) 2019.11.14. 빌헬름사(社)에서 주관하는 선상 파티에 올라갔다가 3명의 선주사 간부를 만나서 질의응답을 하고 더 연구한 결과 많은 의문이 풀리게 되었다.
32) 등기부상 선박소유자가 아니지만 실질적인 소유권을 가지는 자를 수혜선주(beneficial owner)라고 부른다. 이들 선주들이 가진 선박을 등록상의 소유자와 합쳐서 지배선대라고 부른다.

제선주는 일본의 경우 관리인으로, 우리나라의 경우 선체용선자로 나타나는 것이 큰 차이점이다.

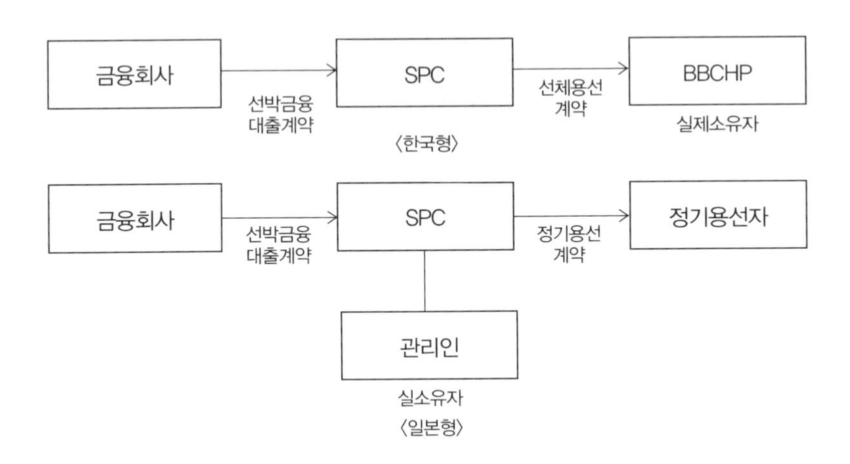

둘째, SPC와 용선계약을 체결하는 상대방이 우리나라에서는 BBCHP 용선자이지만, 일본에서는 정기용선자이다.[33] 우리나라에서 BBCHP 용선자는 실질적 선박소유자이다. 그러므로 SPC가 법률행위를 할 때 실제로는 BBCHP 용선자가 실행을 하게 되고 비용도 부담한다. 일본의 경우 실제로 선박을 필요로 하는 실수요자가 SPC로부터 선박을 임차하게 된다. 그는 선박의 소유구조와 아무런 관련이 없고 단지 선박의 선복이 필요해서 일정기간 선박을 임차하는 정기용선자에 지나지 않는다.[34]

셋째, 우리나라의 경우 BBCHP 계약을 체결하여 20년 용선기간이 지나면 용선자가 선박의 소유권을 취득한다. 그런데 일본의 구조에서는 실질 선주는 관리인으로 나타날 뿐이지 그가 결코 등기부상

33) 일본의 경우 2014년 2000톤 이상의 선박이 총 2,566척인데, 일본국적선이 184척, 외국용선 선박이 2,382척이었다. 외국적선의 용선현황을 보면 2,323척이 정기용선이고 선체용선은 15척에 지나지 않는다. 谷本裕範, 前揭書, 85면.

34) 임차한다는 용어는 정기용선의 법적 성질을 선박임대차와 유사하다고 보는 관점이다.

의 선박소유자가 될 것을 원하지 않는 경우가 대부분이다.[35)]

넷째, 우리나라의 경우 SPC로부터 선박을 용선한 해상기업인 선체용선자가 선원을 고용하고 교육을 시키고, 선박을 관리하므로 법적 책임을 부담하는 자는 선체용선자이지 SPC가 아니다.[36)] 그렇지만, 일본의 선주사—정기용선자와의 관계에서 SPC가 직접책임의 주체가 된다. 선주사는 SPC의 실질적인 선박소유자이면서 동시에 관리인이다. 손해배상책임을 발생시키는 선장은 그의 선임・관리하에 있다. 또 그는 선박에 대한 점유자이다. 그렇기 때문에, 선박의 충돌사고, 오염사고 등에 대한 손해배상책임은 선주사가 부담하게 된다.[37)] 물론 운송 중이던 운송물에 대한 손해배상책임은 운송인인 정기용선자가 부담한다.

다섯째, 실질 선박소유자가 선박에 대한 관리를 행한다. 선주사는 자신이 관리하는 선박을 정기용선자에게 빌려주는 것이기 때문에 선주사의 선박관리 업무는 대단히 중요하다. 자신이 직접 관리를 하든지 아니면 다른 전문관리회사에게 업무를 위탁한다.[38)] 따라서, 선주사의 인적 구성도 영업부서에 더하여 선박관리부서가 추가된다. 선박보험 및 선주책임보험(P&I 보험)도 선주사가 직접 가입해야한다.

---

35) 실질 소유자는 선박에 대한 소유권을 취득하지 않고, 정기용선료를 받아서 이자 및 원금상환에 사용하고, 용선기간이 종료되면 다시 새로운 SPC를 설치하여 정기용선계약을 체결하여 위와 같이 한다. 이렇게 하면 BBCHP와 달리 실질 소유자가 납부해야하는 월별 대금이 적어지는 장점이 있다.

36) 상법 제850조가 적용된다. 선체용선자는 선박소유자와 동일한 의무와 책임을 부담하게 된다.

37) 즉, 정기용선자가 책임을 부담하지는 않는다.

38) 선박관리를 전문으로 하는 기업도 자회사형식과 제3자 전문선박관리회사로 나누어진다. 우리나라의 경우 예외없이 자회사 형식이지만, V. Ship이나 Wilhelmsen Ship Management 회사가 유명하다. 이에 대하여는 김인현, 전게 해상법, 64-65면을 참고바람.

Ⅲ. 한국의 BBCHP 구조

1. 구 조

(1) 선박금융대출계약과 선체용선계약의 존재

우리나라의 BBCHP 구조하에서는 두 개의 계약이 존재한다.[39]

첫째는 실소유자에 해당하는 용선자가 금융사에 접근하여 선박건조자금 혹은 중고선매입 자금을 대출받게 된다. 이를 위하여 금융사와 실질 소유자 사이에 금융대출계약이 작성된다.[40][41] 금융사는 대출금 회수의 목적상 실질 소유자에게 직접대출을 해주지 않고 해외에 형식상 소유자인 SPC를 설립하도록 한다.[42] 그 SPC와 형식상 금융대출계약이 맺어진다.

둘째, SPC와 실소유자 사이에 맺어지는 선체용선계약이 존재한다. 소유자인 SPC는 그가 형식상 소유하게 되는 선박을 대선해주어야 한다. 그 선박을 대선받는 자는 실질 소유자이다. 용선의 형식은 선체용선계약으로 한다. 소유자인 SPC는 형식상의 소유자이기 때문에 선박을 관리할 능력도 없다. 그래서 선박의 관리까지 모든 것을 처리할 수 있는 선체용선계약을 맺어서 선박을 넘기게 된다(상법 제847조 제1항). 선체용선계약이므로 선원의 고용, 선박의 관리도 용선자가 행하게 된다.[43] 다만, 이 용선계약은 상법상 순수한 선체용선

39) 김인현, 전게 해상법, 188면.
40) 이에 대한 자세한 내용은 신장현, "국적취득조건부 선체용선계약(BBCHP)에 관한 법적 연구", 고려대학교 법학박사학위 논문(2018.12.)을 참고하기 바람.
41) 금융대출계약 즉, Loan Agreement라고 불린다.
42) 특수목적회사(SPC)는 해운에서는 편의치적선(Flag of Convenience)으로 불리운다. 이는 원래 행정법상 규제를 피하고, 자국 선원이외의 타국선원을 승선시키고, 세금의 측면에서 도움을 받을 목적으로 도입되었다. 김인현, 전게서, 109면; 세계적으로 70% 정도가 편의치적선이다.
43) 우리 상법에서도 선체용선계약에서 선박소유자는 선박자체만 용선자에게 인도

계약이 아니라, 용선계약이 종료시 소유권이 이전되는 형태의 추가적인 약정이 있다(상법 제848조 제2항).[44)45)] 그 용선료는 선박의 사용료가 아니라 선가를 분할한 것이다.[46)] 전체 용선료를 합하면 선가가 나오게 된다.[47)]

(2) 해외에 SPC를 설립

금융사들은 자신을 보호하기 위한 목적으로 해외에 SPC를 설립할 것을 실질 소유자에게 종용하여 해외에 SPC를 세운다.[48)] 파나마, 마샬 아일랜드 등이 이러한 설립이 가능한 국가들이다.

금융사는 자신이 제공한 선박금융 대금이 확실하게 회수되기를 원한다. 실질 소유자로 하여금 한국에 직접 소유권 등기를 하게 하면 여러 가지 면에서 불확실한 점이 있다는 것이다. 예를 들면 실질 소유자가 회생절차에 들어간 경우 그 선박은 채무자 회생법 제58조에 의하여 회생절차에 묶이게 되어 자신이 저당권자로서 선박에 대한 강제집행을 하지 못하여 손해를 보게 된다. 금융사는 언제든지 손쉽게 선박을 회수해 올 수 있기를 원한다. 채무자 회생법 제58조에 해당하는 선박은 현재 채무자가 소유하는 재산에 한정한다는 것이 우리 법원의 입장이기 때문에,[49)] 실질 소유자가 회생절차에 들어

하면 된다, 용선자가 선원을 채용하고 선박을 관리하게 된다.

44) 용선계약이 종료되는 시점에 그러한 소유권을 취득하는 선택권을 행사하는 형식의 용선계약도 있다.

45) 제848조 제2항에서 말하는 "금융의 담보의 목적으로 채권자를 선박소유자로 하여 선체용선계약을 체결한 경우"란 실질 소유자가 금융사로부터 차금을 하여 SPC를 설치한 다음 SPC가 선체용선계약을 실질소유자와 체결하는 경우를 의미한다. 이러한 형태의 선체용선계약도 상법상 선체용선계약이고 이에 따라 선체용선 규정을 적용한다는 것이다. 상법 2007년 개정시 추가된 조항이다.

46) 그러므로 일반 단순 선체용선계약으로 하는 것보다 용선료가 몇배나 비싸게 된다.

47) 정우영외 2인, 전게서, 182면.

48) 木原知己, 前揭書, 109면.

49) 한진 샤먼호 사건에서 창원지방법원이 취한 입장이다. 김인현 교수는 국취부 선체용선 선박은 용선자가 소유에 대한 기대권을 갖고 실제로 선가를 납부하

가도 그가 소유하지 않고 용선해있기 때문에 도산절연의 효과를 누릴 수가 있다고 설명한다.[50]

대출금의 회수를 위하여 선박에 대한 저당권이 설정된다. SPC는 채무자로서 저당권설정자가 되고 금융사는 대출금에 대한 채권자로서 저당권자가 된다. 우리나라에서 보다 파나마 등이 저당권실행에 용이하다. 이 외에도 파나마와 마샬 아일랜드 등에서는 금융대출채권을 가지고도 선박우선특권을 행사할 수 있다.[51] 따라서 파나마에 등록하는 것이 더 유리하다.[52][53] 이러한 이유로 파나마 등에 SPC로 선박등록을 하도록 하는 것이다.

(3) 프로젝트 파이낸싱의 요소를 갖춤

프로젝트 파이낸싱이란 금융대출자의 특정사업을 담보로 그 사업의 수익금으로 대출금을 되돌려 받는 형식의 금융을 말한다.[54] 부동산 담보나 지급보증이 없어도 채무자는 은행대출을 받을 수 있다는 점에 의의가 있다.[55]

선박금융에 있어서 선박의 실질 수요자가 화주와 장기운송계약을 체결한 경우 그 운송계약의 실행으로 수령할 운임으로 대출금을 갚으면 된다. 따라서 장래의 운임수입이 대출금을 담보하는 형식이 되

고 있으므로 채무자의 영업의 회생에 동 선박이 사용될 수 있도록 채무자회생법 제58조를 확대하여 채무자의 재산에서 해운의 경우에 국취부선체용선 선박도 포함되어야 한다고 주장한다. “한진해운회생절차에서의 해상법 및 도산법적 쟁점, 「상사법연구」 제36권 제2호(2017), 43면.

50) 박준 · 한민, 「금융거래와 법」(박영사, 2019), 671면.

51) 이와 관련한 자세한 내용은 손점열, “선박우선특권에 의한 선박채권자의 보호 개선방안을 중심으로”, 고려대학교 법학 박사학위 논문(2018)을 참고바람.

52) 파나마와 마샬 아일랜드의 경우 비록 후순위이기는 하지만, 금융채권자는 선박우선특권을 가진다.

53) 다만, 우리나라에서 이것은 허용되지 않는다.

54) 박준 · 한민, 전게서, 669면; 이기환 외 3인 공저, 전게서, 317면; 신장현, 전게 박사학위논문, 54면.

55) 이기환외 3인 공저, 전게서, 325면.

어서 프로젝트 파이낸싱이 된다.[56] 이와 같이 SPC에게 대출을 해주면서 실질 수요자인 선체용선자가 선가에 상당하는 대출금을 용선료형식으로 갚도록 구조화 되면 일정 부분 프로젝트 파이낸싱의 요소를 갖춘다고 볼 수 있다.[57]

2. 금융사의 보호수단

BBCHP 구조하에서 금융사는 다양한 방법으로 자금 회수를 위한 수단을 강구한다.[58]

첫째, 선박소유자가 대출한 금원으로 건조하는 선박에 대해 금융사는 저당권자의 지위를 갖는다. 즉, 선박의 소유자인 SPC는 채무자로서 저당권설정자가 되고 선박금융회사는 채권자로서 저당권자가 된다.[59] 금융대출계약의 약정에 위반한 사항이 발생하면 저당권을 실행하여 선박에 대한 매각을 실행할 수 있다. 이는 대출자인 금융사를 위한 가장 강력한 안전장치이다.[60]

둘째, 금융대출계약에서 대출금을 변제하지 못하면 계약을 해지하고 선박을 회수할 수 있다.[61] 회수한 선박을 금융사가 매각하거나 다른 자에게 용선을 줄 수도 있다. 도산해지조항이 있어서 회생절차

---

56) 해운실무에서 대한해운, 팬오션 등과 같은 경우 한국전력, 포스코 등으로 부터 철광석 장기운송계약권을 따게 되어 장기운송채권을 유동화하여 금융을 일으켜서 선박을 건조하게 된 사례가 있다.

57) 동지 신장현, 전게 박사학위논문, 62면.

58) 선박금융에서 금융사의 보호수단에 대하여는 배유진, "선박금융에서 대주 보호제도에 관한 연구", 「한국해법학회지」 제40권 제1호(2018.5), 187면 이하가 있다.

59) 신장현, 전게 박사학위논문, 60면; 이러한 저당권자의 지위는 우리나라 등 대부분의 국가에서 선박우선특권보다 후순위이기 때문에 선박금융제공자들이 불안해한다. 선박이 임의경매로 매각된 경우 선박우선특권자의 채권이 먼저 소진된 다음에 남는 것이 있어야만 저당권자가 후순위로 이를 취하게 된다.

60) 이기환외 3인 공저, 전게서, 475면.

61) 2019년 4월 동아탱커 사태에서 이러한 사안이 현실화되었다. 김인현, "동아탱커의 회생절차 신청과 BBCHP선박의 처리", 코리아 쉬핑 가제트 2019.4.13., http://www.ksg.co.kr/news/main_newsView.jsp?pNum=121662

가 개시되면 용선계약을 해지할 권한이 선박소유자에게 주어지는 경우도 있다. 이의 효력은 다투어지고 있다.[62)]

셋째, 선체용선자로부터 SPC가 수령하는 용선료채권을 금융사가 양수받거나, 계약의 당사자의 지위를 양도받아 대금을 직접 수령할 수 있도록 한다.[63)] 이 용선료의 합계는 선가와 동일하다.[64)] 용선자가 지급하는 용선료의 총합이 금융사가 대출한 금액과 일치되도록 하기 위하여 용선자가 SPC를 거치지 않고 바로 금융사에게 대금이 지급되는 구조를 금융대출계약과 BBCHP계약에서 예정해둔다. 보험금에 대하여도 이와 같다.[65)]

넷째, SPC가 금융사에게 대출금인 용선료를 갚지 못할 경우에 실질 소유자인 선체용선자가 지급을 보증하도록 하는 경우도 있다.[66)] SPC가 지급하는 대금은 실질상 선체용선자가 변제하는 것인데, 그가 다시 지급보증을 하게 되는 형식이 된다.

3. 대외적인 책임

선체용선하에서 운항하는 경우 대외적인 책임은 선장을 선임, 관리감독하는 선체용선자가 부담하게 된다(상법 제850조). 선박충돌과 같은 경우에 책임의 주체는 선체용선자가 된다. 다만, 유류오염손해배상보장법하에서 등록선박소유자가 책임의 주체가 되므로 SPC가 법정책임을 부담하게 된다.[67)] 난파물제거의 경우에도 등록소유자가 의무를 부담하므로 SPC가 책임의 주체가 된다.

---

62) 우리나라의 경우 유효하다는 것이 대체적인 입장이지만, 일본이나 미국과 같은 경우 이는 무효이다.
63) 정우영외 2인, 전게서, 184면; 신장현, 전게 박사학위논문, 60면.
64) 신장현, 전게 박사학위논문, 118면.
65) 동지, 이기환 외3인 공저, 전게서, 490면.
66) 선체용선자가 소유하는 다른 선박에 대하여 추가적으로 저당권을 설정하도록 하는 경우도 있다. 이기환 외 3인 공저, 전게서, 495면.
67) CLC라는 국제조약 제3조 제1항과 우리나라 유류오염손해배상보장법 제2조 4호에 의하여 그렇게 된다.

금융사는 선박에 대한 저당권자의 지위에 있을 뿐이고 소유권이나 운항권을 가지고 있지 않다. 따라서 운항상의 책임을 부담할 이유가 없다. 운항상의 책임은 운항주체인 선체용선자가 부담한다.[68] SPC의 법인격이 부인되어 금융사가 SPC의 법인격과 동일시되어 책임을 질 경우는 쉽지 않을 것이다.[69] 선박투자회사법에 의한 선박금융으로 선박을 건조하는 경우 SPC를 사실상 관리감독하는 것은 선박투자회사와 운용회사이므로 법인격이 부인되면 금융사가 책임을 질 것이지만, 쉽지 않을 것으로 보인다.[70]

Ⅳ. 일본의 선주-운항사 구조

1. 구 조

(1) 금융사의 선주사에 대한 선박건조자금 대여

선주사는 자신은 비록 운항을 하지 않는 자이지만 거래관계에 있는 운항사들의 대선 수요요청에 맞추어서 선박건조를 하게 된다. 이에 선주사는 금융사에게 선박건조를 위한 대출을 부탁하게 된다.[71] 일본의 경우 NYK, MOL과 같은 운항사, 시코쿠(四國) 지역의 선주사와 은행이 서로 연락을 취해서 선박을 신조선하게 되는 것이 현실이다.

---

68) 선하증권을 발행하였는데 운송물이 불법인도된 경우 손해배상책임을 부담하는 자는 운송인이 되는 선체용선자인지 SPC가 아니다.

69) 오히려 선체용선자가 실제 선박소유자로 판단될 여지가 더 많다. SPC의 임원들도 선체용선자의 사람들이고 실제적으로 SPC의 업무도 선체용선자측이 행하기 때문이다. 김인현, “선박투자회사 선박의 운항관련 책임주체와 그 채권자 보호”, 「상사법연구」 제35권 4호(2017.2.), 103면 이하가 있다.

70) 이에 대한 자세한 논의는 김인현, “21세기 전반기 해운한경의 변화에 따른 해상법 제문제”, 「상사법연구」 제35권 제2호(2016), 124면을 참고하기 바람.

71) 시코쿠 선주들이 많이 이용하는 이요(伊予)은행이 대표적이다.

(2) 해외에 SPC를 설립함

우리나라의 경우와 마찬가지로 해외에 SPC를 세우게 된다. 일본의 경우에도 파나마와 마샬 아일랜드가 압도적으로 선호된다.[72] 선주사의 사람들이 회사의 임원으로 등재된다. 사실상 선주사가 지배하는 회사이다.

(3) SPC는 정기용선계약을 체결, 선박을 운항사에게 대여함

우리나라의 경우에 BBCHP에 해당하는 자가 여기에서는 정기용선자로 바뀐다. SPC는 선박을 NYK와 같은 운항사에게 정기용선을 해준다. 그런데 그 기간은 10년 이상의 장기계약이다. 실소유자인 선주사는 그 선박의 manager로 남는다. 이 점이 우리나라의 BBCHP 중심주의와 크게 다르다. 우리나라의 경우에는 BBCHP를 주어버리기 때문에 SPC가 할 일이 많지 않았는데, 정기용선을 주는 것이기 때문에 선박관리를 SPC가 행해야 한다.

(4) 실질 선박소유자는 관리인으로 선박관리기능도 담당함

SPC는 다양한 형태의 기능을 해야 한다. 선원의 고용, 선급의 가입, 선박의 수리 입거 등 관리, 보험의 가입 등의 기능이다. 그러므로, 실질 선박소유자인 manager도 여전히 상당한 기능을 하게 된다.[73] SPC와 실질 선박소유자 사이에는 선박관리계약을 체결하는데, 실질 선박소유자는 관리인이 된다. 선박보험도 SPC가 직접체결하고 보험료를 납부해야 한다.[74] P&I보험도 직접 가입해야 한다.

---

72) 해외에 SPC를 세우는 이유에 대하여 일본에서도 도산절연을 들고 있다. 木原知己, 前揭書, 109면.

73) 따라서 우리나라의 정책금융기관이나 시중은행이 선주사(tonnage provider)가 되는 논의는 본 논의와 거리가 있다. 은행은 직접선박을 관리하는 일을 할 수 없기 때문이다. 그 경우에는 BBCHP의 모델로 가는 것이 좋다고 본다.

74) 선박보험계약에서 피보험자는 SPC와 관리인이 된다. 관리인이 실 선박 소유자이기 때문에 피보험이익을 가진다.

(5) 선박에 대한 소유권은 SPC가 가짐

우리나라 BBCHP와 다른 점은 일본의 구조에서 소유권은 폐선시까지 SPC가 가진다. 우리나라의 경우 BBCHP를 하는 목적이 연불매매로 소유권을 취득하는 것이지만, 일본의 선주－운항사의 구별의 경우에는 운항사는 선박의 소유권을 취득하려는 목적이 없다.[75] 실질 소유자도 manager로 남아 있을 뿐이다.

2. 금융사의 보호수단

금융사는 대출금에 대하여 회수할 방안을 찾게 되는데, 이 경우 수단이 많지 않다. 이는 일본의 선주－운항사 구별의 경우 금융사가 부담하는 위험이 크지 않기 때문인 것으로 보인다. 가장 큰 위험은 SPC로부터 용선을 한 정기용선자가 용선료를 납부하지 못해 SPC를 통하여 매월의 용선료를 받지 못하는 것이다. 그렇지만, 실질소유자인 manager가 튼튼한 회사인 한은 금융사는 충분히 보호된다.

첫째, SPC에게 대출한 원리금 상환은 장기로 되어 있어서 한 번의 장기 정기용선으로 완성되는 것은 아니다. 원리금의 상환은 정기용선료로부터 일부 변제된다. 경우에 따라서는 SPC를 지배하는 실질 소유자가 자기자본을 상당부분 투자하여 선박을 건조하므로 정기용선료로 쉽게 대출금의 변제가 가능한 경우도 있다. 그렇지 않은 경우에는 1차 장기 정기용선에서 용선료로 변제하고, 제2차 장기 정기용선을 다시 체결하여 원리금을 상환한다. 1차 정기용선기간이 종료되면 실질 소유자가 선박을 매각하여 잔금을 금융사에게 지급하고 차액을 자신이 실현하기도 한다.

둘째, 금융사는 선박에 대한 저당권자이다. 정기용선자가 용선료

75) 필자의 조사에 의하면, 실질 소유자는 10년 정도의 장기정기용선이 종료되는 시점에 선박을 매각하는 방법을 취하기도 하고, 금융사와 상의한 다음 그 기간을 연장하여 제2의 장기 정기용선을 하게 된다.

를 소유자인 SPC에게 납부하지 못하여 그 SPC가 원리금상환을 못할 경우, 금융사는 저당권자로서 저당권의 목적인 선박에 대한 강제집행이 가능하다.

셋째, 선박금융대출계약에는 자세한 채무불이행사유가 기술되어 있다.[76] 채무자인 SPC가 대출금을 갚지 못하는 경우 금융회사는 계약을 해지하여 선박을 회수할 수 있다. SPC와 장기 정기용선계약을 체결하면서 정기용선자가 수령하는 운임을 금융회사가 직접 수령하도록 하면 금융회사의 보호수단이 된다. 금융회사가 SPC로부터 정기용선자에 대한 선박소유자의 권리를 양도받은 경우 용선료미지급에 대하여 직접 해지권을 행사할 수 있을 것이다.

넷째, 선박을 운항하는 정기용선자가 회생절차에 들어간 경우 선박은 정기용선자의 소유가 아니므로 회생절차와 무관하게 된다. SPC 혹은 그로부터 채권을 양도받은 금융사는 도산해지조항에 의하여 선박을 회수해 올 수 있다. 선박이 BBCHP가 아니기 때문에 압류금지명령의 대상에서 크게 벗어나므로 금융사에게 한층 더 유리하다.[77] 즉, 운항자와 선박이 채무자회생법상 분리될 수 있기 때문에 금융사는 안전하다고 볼 수 있다.

3. 대외적인 책임

선주-운항사 구조에서 SPC는 용선자와 정기용선계약을 체결하여 선박을 장기 용선주게 된다. 한국법이나 일본법에 의하면 정기용선계약하에서 선박소유자는 선장 이하 선원이 승선한 선박을 용선자에게 빌려주는 것이다.[78] 선박의 관리, 보험에의 가입, 선원의 승

---

76) 木原知己, 前揭書, 207면.
77) 다만, 한진해운사태에서 미국과 싱가포르의 경우 한진해운이 정기용선한 선박에 대하여도 채무자회생절차에 기속되도록 판결을 내린 바 있다. 이러한 한도에서 금융사가 위험을 안고 있다고 할 수 있다.
78) 한국 상법 제842조: 일본 상법 제704조.

선을 모두 SPC가 소유자로서 부담해야한다. 그 업무의 실제수행은 관리인인 실질 소유자가 행하게 된다. SPC와 실질 소유자는 선박관리계약을 체결하고 있는 상태가 된다.[79)]

따라서, 한국의 구조와 달리 선박운항과 관련된 책임을 SPC가 크게 부담하는 형태가 된다. 선장의 사용자는 SPC이기 때문에 사용자책임도 모두 SPC가 부담한다. 즉, 선박충돌로 인한 책임도 선박소유자가 부담한다.[80)] 난파물 제거상의 의무, 유류오염사고시의 손해배상책임도 모두 SPC가 부담한다. 선원의 고용과 해고도 SPC의 책임이다. 선박소유자로서 책임을 많이 부담하므로 선박우선특권의 대상이 되는 경우도 많아진다.[81)] 선원의 형사상 책임에 대하여 사용자책임을 부담하게 될 경우도 많다.

Ⅴ. 법적 성질의 차이

1. 한 국

한국의 금융사－SPC－BBCHP 구조에서 SPC와 BBC사이에는 임대차 계약인 선체용선계약이 있지만, 이는 특수한 선체용선계약으로 이해된다. 용선기간이 만료시 소유권을 용선자가 취득하게 되는 점, 금융제공자가 대출해준 원리금은 용선자가 납부하는 용선료의 총합과 정확히 일치하는 점, 선박에 대한 점유와 관리는 모두 용선자가

79) 실질 소유자인 manager가 선박관리계약을 체결한 상태에서 공급하는 선원의 사용자가 누구인가 문제된다. 대부분의 경우 실질 소유자가 사용인이 되지 선박관리회사가 그의 사용인이 되는 것은 아니다. SPC의 대리인으로서 manager가 선원을 고용하고 관리한다.

80) 일본 상법 제690조의 입장이다. 정기용선의 경우 선박충돌상 책임은 정기용선자가 부담한다는 것이 일본의 대법원의 입장이지만, 이에 대한 반대견해도 상당하다. 한국법의 경우 선박소유자가 책임을 부담한다는 대법원 판결이 있다.

81) 일본 상법 제842조. 특히 제4호에 항해계속에 필요한 비용에 대한 채권에는 선박연료유 공급채권이 해당한다.

행하는 점 등에서 본 계약은 '금융리스'로 이해된다.[82] 금융회사와 SPC 사이의 금융대출계약과 SPC와 BBCHP 사이의 선체용선계약을 하나로 통합하여 금융회사와 BBCHP 양자의 계약으로 전체를 보게 되면,[83] 선체용선자가 선박을 보유함에 금융회사가 대출을 해주는 것과 유사하게 된다.[84]

2. 일 본

일본의 선주사－운항사 구조에서는 금융회사－SPC(관리사)－정기용선자로 선박의 보유구조가 이어진다. SPC와 정기용선자 사이에는 정기용선계약이 10년 이상 장기로 체결된다. 이는 임대차계약의 성질을 가지지만, 선장이 임차인에 의하여 선임되는 것이 아니라 선박소유자에 의하여 선임된다는 점에서 선체용선과 차이가 난다. 즉, 점유의 측면이 선박소유자에게 여전히 상당부분 남아 있다.[85] 정기용선자는 선박을 빌려서 사용하고 일정한 기간이 지난 다음 용선한 선박을 SPC에게 되돌려주게 된다. 한국의 금융사－SPC－BBCHP구조와 달리, BBC에 해당하는 정기용선자가 용선기간의 만료시 선박을 매입하는 구조가 아니다.

3. 소 결론

결론적으로 일본의 선주－운항사 구조에서 SPC－정기용선자 사이의 계약은 순수한 정기용선 계약으로서 금융리스의 성격을 가지지 않는다. 그러나, 한국의 BBCHP 구조에서는 금융리스의 성격을

---

82) BBCHP를 금융리스로 보는 견해로는 김창준, "한진해운의 도산법적 쟁점"「한국해법학회지」 제39권 제1호(2017), 64면이 있다.

83) 이렇게 보는 이유는 SPC는 도관체의 역할을 하기 때문이다. BBC 용선자가 SPC에게 지급하는 용선료는 곧바로 동일액이 금융사로 가도록 되어 있고, 양자 사이의 계약도 금융사에게 양도되어 그가 당사자가 된다.

84) 김인현, 전게서, 188면.

85) 임대차 유사설의 입장이다.

가지게 된다. 따라서, 금융회사가 원금과 이자를 회수하여 자신의 채권을 보전하는 방법이 달라진다.

① 일본의 경우 SPC와 그 배후의 실질 소유자인 관리인의 담보능력에 금융사는 초점을 두고 있다. 정기용선자로부터 수령하는 용선료는 대출이자와 일부 원금을 변제함에 충당될 뿐이지 원금 전액을 변제하도록 구조화된 것은 아니다.[86]

② 한국의 경우 SPC가 BBCHP로부터 수령하는 용선료에 초점이 있다. 그 용선료는 선박의 사용대가가 아니라 선박의 교환가치를 분할한 것이다.

일본의 경우 정기용선자가 납부하는 용선료가 중요하다. 정기용선자가 경기하강으로 어려움에 처하면 용선료가 납부되지 않아 금융사는 이자를 받지 못해서 어려움에 처하게 된다. 다만 실제 대출금 이자의 납부의무를 부담하는 자는 선박관리인이기 때문에 그가 튼튼하기만 하면 더 안정적으로 평가된다. 한국의 경우는 BBCHP가 납부하는 용선료에 의존한다. 해운 시황에 따라 BBCHP가 자신의 용선자로부터 받는 용선료가 하락하면 그는 채무 변제가 어렵게 될 여지도 있다. 다만, 그가 대량화주로부터 장기의 운송계약권을 가진 경우는 예외이다.

Ⅵ. 우리나라에 도입 가능성의 검토

1. 검토의 이유

우리나라의 경우 해상기업은 선박을 소유하면서도 운항도 겸해서 한다. 상법에서는 운송인이 되기 위하여 어떠한 조건도 요구하지 않고 있다. 선박을 소유하지 않고 용선자로서 운송인이 되어도 해상기

86) 특별하게 용선기간 중 원리금을 상환하도록 약정되는 경우도 있을 것이다.

업임에는 변함이 없다.[87] 우리 해상기업의 자기자본 비율은 대단히 낮다. 각 선박에 대하여 평균 10%~20% 정도라고 보아야 한다. 나머지 금원은 금융사로부터 대출을 받는 것이다. 소유와 운항을 겸하는 경우, 불경기가 지속되면 선가는 떨어지고 낮은 용선료(운임)를 받아 높은 금융비용을 계속 지급해야 한다. 이와 달리 자신이 용선을 한 경우라면 낮은 용선료만 지급하면 된다.[88] 즉, 선주사-운항사 분리구조를 취하는 경우 선사의 안정적인 경영을 실현할 수 있다는 점에 검토의 실익이 있다.[89]

선주사들이 많아지면 이들이 선박대여업에 종사하여 용선료의 획득이 가능하다. 선원의 공급, 관리업을 위한 전문인력의 확충, 매출의 확대 등의 경제적인 효과를 누릴 수 있다. 여기에 선주사의 육성을 검토하는 또 다른 이유가 있다.[90][91]

---

87) 우리 상법은 운송인이 됨에 어떠한 제한도 없다. 동지 정찬형, 「상법강의(하)」(박영사, 2015), 875면.

88) 한국의 BBCHP의 경우 선가를 모두 갚는 조건이기 때문에 용선료는 선가를 20년정도 나눈 것이므로 상당히 높은 가격이다. 반면 운항사로서 정기용선만 하는 경우 사용대가로서 용선료가 책정되면 그 보다 낮은 금액이 된다. 단기 정기용선을 하는 경우 낮은 선가의 선박을 용선해올 수 있어서 유리하게 된다.

89) 그렇지만, 선주-운항사의 조합이 완전히 유리한 것만은 아니다. 100% 용선한 선박만을 가지고 있다면 (i) 소유하고 있는 선박의 선가가 오를 때 운항사가 이를 매각하여 차액을 얻을 수 없다. (ii) 소유하고 있는 선박이 없어서 운항에 사용하지 못하면, 용선료의 등락에 운항사는 노출되기 쉽다. (iii) 과연 100% 정기용선으로 이루어진 운항사의 선대를 화주들이 좋아할지 의문이다. 화주의 손해배상책임을 부담할 운송인의 소유의 재산이 없기 때문이다.

90) 우리 해운법에도 선박대여업이 해운부대업의 하나로서 규정하고 있다. 해운법 제2조 제7호에 정의규정이 있고, 제33조에 선박대여업을 영위하고자하는 자는 해양수산부장관에게 등록하도록 하고 있다.

91) 상법상 선주사는 선박대여업을 하는 자이다. 선박소유자로서 용선자에게 선박을 임대차하여 주는 위치에 있다. 임대인으로 상인이 된다. 선박에 대한 임대를 영업으로 하는 자는 상법 제46조의 기본적 상행위를 하는 자로서 그의 행위에는 상법이 적용된다. 그런데, 선박에 대한 임대차는 특별규정인 상법 해상편의 적용을 받게 된다. 선주사가 선체용선자와 선박의 임대에 대한 계약을 체결하면 상법 선체용선자에 대한 규정(제847조 이하)이 적용되고, 정기용선

2. 화주를 포함한 채권자들의 관점

화주들은 이론상 자신의 상대방인 운송인이 직접 소유하는 선박을 가장 좋아한다. 선박에 대한 가압류도 가능하고 선박우선특권의 행사도 가능하기 때문이다. 선박이나 운송인의 국제성 때문에 현장의 선박을 자신의 화물손상에 대한 담보로 확보하는 것이 가장 긴요하다.[92)]

우리나라의 경우와 같이 BBCHP를 하여 운항하는 경우 화물의 손상에 대한 손해배상청구권을 가진 채권자는 그 선박에 대한 가압류가 불가하다. 채무자의 소유의 재산에 대하여만 가압류가 가능하기 때문이다.[93)] 다만, 선박우선특권은 선체용선된 선박에도 폭넓게 인정되어 채권자는 보호된다.[94)] 그렇지만, 운송물손상은 우리 상법상 선박우선특권이 발생하지 않는다.

정기용선자가 채무자가 되는 경우에 그에 대한 채권을 가지고 그 선박을 가압류할 수 없다. 채무자의 소유가 아니기 때문이다. 이 점

자와 계약을 체결하면 상법 정기용선규정(제842조 이하)이 적용된다. 임대료(용선료)분쟁이 당사자 사이에 발생하면 상법 제64조의 5년의 소멸시효가 적용되는 것이 아니라, 상법 제851조 및 제846조에 따라 2년의 제척기간이 적용된다.

92) 김인현, 전게 해상법, 36면.

93) 우리나라와 일본은 이와 같은 입장이지만 중국 해상법은 선체용선된 선박도 가압류의 대상으로 허용한다. 중국 해사소송특별법 제12조에 의하면 선박가압류에 있어서 피청구인의 재산(선박, 선박에 적재된 화물, 선박유 및 선박자재)을 대상으로 가압류를 진행할 수 있다. 그리고 동법 제23조 제2항은 선박의 선체용선자가 선박가압류 청구에 책임이 있고, 가압류하는 선박이 선체용선자가 용선한 선박일 경우에는 가압류가 가능하다고 규정하고 있다. 한중일 3국간의 비교연구는 김인현, "동아시아 해상법 통일화 방안", 「저스티스」 제158-2(2017.2), 777면을 참고바람.

94) 상법 제850조 제2항에 의하여 상법 제777조가 준용되기 때문이다. 예컨대, 선체용선자가 운항하던 선박이 선박충돌로 상대방 배가 침몰한 경우 상대방 선박의 소유자는 선체용선자가 운항하던 그 선박에 대하여 선박우선특권에 기한 임의경매신청이 가능하다.

에서 BBCHP와 같다. 다만, 정기용선자가 소유하는 다른 선박에 대한 가압류는 가능하다. 상법 제809조를 이용하여 화물손상의 경우 선박에 대한 가압류가 가능하다. 2019년 이전만 하여도 정기용선된 선박에 대하여는 선박우선특권의 행사가 불확실했다. 대법원 2019.7.24.선고 2017마 1442결정으로 이것이 가능하게 되었다.[95)]

따라서 화주나 채권자들이 손해배상을 구하는 입장에서는 선박소유자>선체용선자>정기용선자가 운항하는 선박을 차례로 선호하게 된다. 이런 관점에서 본다면 일본의 선주－운항사(정기용선자)의 구조가 우리나라의 선주－BBCHP의 구조보다 채권자 보호에 불리하다.

그럼에도 불구하고 일본에서는 왜 선주－운항사(정기용선자)의 구조가 대세를 이루는가? 즉, 화주와 금융사와 같은 채권자들은 이 체제를 선호하는가?

(1) 채무자가 되는 운송인은 10년 이상의 정기용선을 한 운항사들로서, 대형해상기업이라는 점이다. NYK, MOL과 같은 대형선사가 화물손해배상에 대하여 화물을 실은 그 선박이 담보가 되도록 영업을 하지는 않는다. 화주와의 오랜 관계에 따라 손해배상이 발생하면 선박에 대한 가압류나 선박우선특권의 행사 이전에 담보를 제공할 것이다. 화주들도 자신의 화물이 실린 선박만을 담보로 생각하는 것이 아니라 대형선사 자체를 신용하는 것이다. 화물이 실린 그 선박만이 아니라 NYK 등이 소유하는 다른 재산도 많이 있기 때문에 그 재산에 대한 가압류를 하면 되는 것이다.[96)]

---

95) 상법 제777조에 의하면 예선 서비스를 제공한 예선업자는 그가 서비스를 제공한 선박이 선박소유자의 소유인 경우에는 선박우선특권이 허용된다. 선체용선인 경우에는 상법 제850조 제2항에 의하여 가능하였다. 2019년 대법원 판결로 정기용선된 선박에 대하여도 선박우선특권의 행사가 가능하게 되었다. 자세한 논의는 김인현, “정기용선자가 채무자인 경우 정기용선선박에 우선특권 행사 가능”, 한국해운신문 1946호(2019.8.7.); 고려대 해상법 News Update 제29호 판례소개에 자세히 소개됨.

96) 이들 대형운항사는 자신이 보유하는 선박이 전체 선단의 1/2은 된다. 가압류

(2) 손해배상의 문제는 분명 있지만, 자신들의 선원을 통하여 자신의 선박을 관리하는 것이 더 안정적이고 발전적이다. 선박에 대한 관리를 함으로써 지식과 경험을 얻고 회사가 더 발전되어갈 수 있다. 선박 모두를 BBC로 용선 주어 버리면 선주사들은 할 일이 없어진다.[97] 또한 선박을 빌려간 자(예컨대 한진해운의 경우)가 재무구조가 나빠져 회생절차에 들어간 경우, 자신들의 선원들이(용선자의 선원이 아니라) 승선하고 있으므로 쉽게 선박을 환수해 올 수 있다.

3. 선박금융사들의 자기 보호수단

우리나라에서 BBCHP를 활용하는 경우 금융회사들이 선주들에게 건조자금을 대출해주면서 대출금을 확실히 받기 위하여 다양한 수단을 강구한다. 해외에 SPC를 세우고, 그 SPC가 소유자가 되도록 하는 것이다. 그 SPC가 선박소유자이므로 그에게 대출을 해준다. 채무자인 SPC가 소유하는 선박에 저당권을 설정한다. SPC와 BBC 용선자 사이에 용선계약상 용선료 수령권을 자신이 양도를 받아둔다. 이렇게 되면 대출금이 직접 상환되기 때문이다. 실질 선박소유자가 되는 용선자로 하여금 SPC가 대출을 갚지 못할 경우에는 자신이 보증인으로서의 역할을 하겠다는 보증계약을 체결하기도 한다.[98] 채무자인 BBC가 회생절차에 들어가면 채무자의 재산이 아니기 때문에 선박을 환수해 올 여지도 많다.

가 충분히 가능하다.

97) 필자가 만난 일본의 선주사들의 담당자들에게서 직접 들은 설명이다. 은행이 소유하는 구조에서는 그렇게 할 수 있지만 자신들은 진정한 선주이기 때문에 자신들의 선박이 소중하여 직접 선박에 대한 관리를 한다는 설명이었다.

98) 동아탱커 사태의 경우 이러한 구조가 현출되었다. 김인현, “동아탱커 법정관리의 도산법 및 해상법상 쟁점”, 한국해운신문 2019.4.19.자 http://www.maritimepress.co.kr/news/articleView.html?idxno=121790; 동아탱커 사태에 대한 금융법적 논의는 강인원, “선박금융과 도산절연에 관한 소고”, 「선진상사법률연구」 통권 제87호(2019.7.)을 참고바람.

그런데, 일본의 경우 대출을 해준 금융회사는 SPC가 소유하는 선박에 저당권을 설정하는 것은 우리나라와 동일하다. 선박소유자－정기용선자의 계약관계에서는 정기용선자가 선박을 소유하려는 목적은 없고, 실질 선박소유자는 관리인으로 남아서 소유권을 자신이 취득하지 않고 SPC가 소유하는 형태로 두는 것이 보통이다. 실질 소유자인 선사는 선박에 대한 관리를 하는 회사로서 제법 규모가 있기 때문에 건조를 위한 원리금을 납부하지 못하는 것은 상상하기 어려울 것이다. 정기용선자가 정기로 지급하는 용선료를 금융사 자신이 수령하도록 구조화 시킬 수도 있을 것이다.[99] 정기용선의 경우라고 해도 보호의 정도가 결코 낮다고 볼 수 없다. 정기용선자가 회생절차에 들어가도 채무자의 재산으로 보아서 회생절차에 구속된다는 주장이 나오지 않아서 좋은 점도 있다.

우리나라의 BBCHP구조에서는 금융대출을 하는 실제 당사자가 BBCHP로서 선가의 지급을 담보하는 형식임에 반하여 일본의 선주－운항사의 구조에서 BBCHP에 해당하는 정기용선자는 그러한 선가의 지급을 담보하는 것이 아니고, 관리인이 담보하는 형식이 된다. 튼튼하지 않은 정기용선자를 선택한 경우 금융회사의 리스크는 상당히 높아진다고 볼 수 있다.

4. 우리나라에의 도입방안 검토

결국 일본의 선주사－운항사의 분리제도는 일본 특유의 관계라고 판단된다. 통계자료에 의하면 일본에는 800여개의 선주사의 선박이 있고, 선주사는 50여개 정도가 되는 것으로 추측된다.[100] 일본에서 선주사는 금융회사가 관여하는 것이 아니라 실질 선박소유자

---

99) 한 선사의 경우 정기용선료를 은행이 직접 수령하도록 하지는 않는다고 했다.
100) 필자가 만난 선주사의 담당자들은 30척 내지 40척의 선박을 소유하고 있다고 했다.

로서 선주업을 하고자 하는 자들이 선주사를 한다는 점이 중요하다. 자신이 애지중지하는 선박이니 자신들이 선박관리를 해야 한다고 생각한다.[101)]

선주사-운항사의 구별제도에서 정기용선되는 선박도 단순하게 1~2년 용선되는 것이 아니다. 10년 정도 장기적으로 용선한다.[102)] 선주사도 운항사도 모두 안정적으로 영업이 가능하다.

자신이 소유하는 선박을 정기용선 줌으로써 부담하게 되는 손해배상책임 등의 문제는 선주사들이 관리를 잘 관리함으로써 사고를 줄여나갈 수 있고 보험으로 처리가 가능하다. 그리고 화주들의 관점에서 채권확보의 담보로서 운송인이 소유하는 선박을 선호한다는 가설에 대하여도, 일본의 경우 정기용선자들은 대부분 NYK, MOL. K-Line 등 대형운항사이므로 시장에서 신용이 높다. 그리고 이 회사들도 자체 소유하는 선박이 있어서 담보로서 기능하기 때문에,[103)] 화주로부터 이런 이유로 선호되지 못한다고 볼 수는 없을 것으로 판단된다.

과연 이런 제도들이 우리나라에서도 통할까? 우리나라에서 선박금융구조를 만들면서 SPC를 세우고 운항자가 정기용선자가 되도록 한다면, 그 정기용선자와 운송계약을 체결하는 화주로서는 정기용선자를 불안하게 생각할 것이다. 장차의 채무자가 선박에 대한 자산을 갖지 않은 임차인에 지나지 않기 때문이다. 선주사들은 또한 선박의

101) 금융회사가 실질 선박소유자라면 선박관리를 외부 전문기관에 주고 말 것이다. 자신들은 선박을 관리할 전문가가 아니고 자체 조직이 없기 때문이다.

102) 우리나라 정기선사들도 상당량의 정기용선선박을 보유하고 있다. 사선은 대부분 BBCHP로 충당되고 단기간의 정기용선을 한 선박들이다. 이들은 일본의 선주-운항사 분리운영 구조하에서 선박소유자인 SPC로부터 직접 장기간 정기용선된 선박과 구조를 달리한다. 우리나라 정기용선 선박은 단순 정기용선된 선박이 대부분이다.

103) P&I 클럽이 제공하는 보증장으로서도 충분히 담보로서의 기능을 다할 수 있을 것이다.

관리를 직접해야 함을 부담스럽게 생각하고, 그에 따른 책임을 지려고 하지 않을 것이다.

결국 이 문제는 선박을 빌려가는 정기용선자들이 시장에서 얼마나 신용이 있는가? 그래서 화주들에게 신뢰를 받을 수 있는가에 달려있다.[104] 그리고 선주사들이 선박에 대한 관리를 얼마나 훌륭하게 해내는가, 나아가 금융사들이 이 구조하에서도 자신의 대출금을 확실히 회수할 수 있다고 보는가에 달려있다. 아래와 같이 선주사-운항사 분리운영 방안을 검토해 볼 필요성이 있다.

첫째, 운항사들이 자신이 소유하는 선대를 1/2, 선주사로부터 용선한 선박을 1/2로 포토폴리오를 하여 금융리스크를 줄이는 모델은 이상적이고 매력적이다. 화주들도 자신들이 채권을 확보할 수 있는 수단이 있기 때문에 안심할 것이다. 선주사가 육성되면 우리 선사들의 용선료매출도 늘어나고 관리직원들이 많이 필요하므로 선원강국인 우리나라에도 도움이 될 것이다. 선주사들은 선박대여에 대한 임대료만 취하는 것이 아니라 선박관리업을 하고 다른 선박관련 부대사업을 하여 수익을 올려야 한다.[105] 금융사들은 제공된 금융의 회수를 정기용선자의 용선료에 의존하는 것이므로 BBCHP의 구조보다 선호하지 않을 여지가 많다. 이를 보강해줄 필요가 있다.

둘째, 우리나라 인트라 아시아 선사들이 어려움에 처하게 될 경우에 선택이 가능할 수 있도록 모델을 제시해둔다.

(i) 어려움에 처한 인트라 선사들은 선주사로 전환, 생존한다.

(ii) 선주사들은 선박을 운항사에게 장기 정기용선을 준다.

(iii) 선주사들은 여전히 자신의 선원을 고용하고 선박을 관리감

104) 예를 들면, 10척의 선박을 가지고 운항사가 되었는데 모두 남의 선박을 빌린 회사라면 아무도 이 회사를 신뢰하지 않을 것이다. 자신의 자산은 없는 회사이기 때문이다.

105) 따라서 금융사가 선박을 보유하여 운항사에게 용선하여 주는 형태는 여기에 맞지 않다. 금융사는 선박에 대한 관리를 할 수 있는 능력이 없기 때문이다.

독한다.

(iv) 운항사는 규모의 경제를 실현하여 경쟁력을 갖고, 기존의 선사들은 선박을 소유, 관리하는 회사로 남아서 존속과 번영이 가능하다.[106)]

셋째, 한국형에는 반드시 정기선사의 주문에 의한 선주사만 둘 필요는 없다. 독자적인 선주사들을 육성하여 외국 선주들이나 운항사에게 대선하여 주고 대선료를 획득하여 해운산업의 규모를 확대할 수 있다. 이는 금융형 선주사의 모델이 될 것이다.

넷째, 선주사-운항사 분리 모델은 튼튼한 운항사를 전제로 한다. 그런데, 현재 우리나라는 튼튼한 운항사가 존재하지 않는다는 점이 큰 약점이다. 하루속히 튼튼한 운항사가 탄생할 수 있도록 법적 행정적인 지원이 있어야 한다. 〈금융법학회 2019.12.〉

---

106) 기존의 선박회사들의 나름의 장기를 가지고 있으므로, 운항사로 편입되는 경우에도 그 브랜드 네임은 살려주는 것이 좋다. A사, B사가 C사에 운항을 위탁하는 경우 C사의 이름은 CAB로 한다.

[부록 2]
2019년 개정 일본 해상법의 내용과 시사점

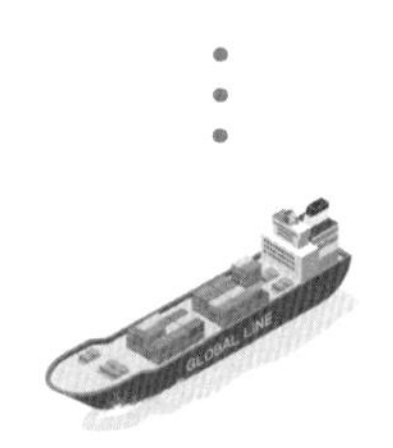

Ⅰ. 서 론

일본은 1898년 제정된 상법 상행위편의 운송규정(일본 상법 제2편 상행위 제8장 운송영업)과 해상편(일본상법 제3편) 규정을 대폭 변경하는 큰 개정작업을 마치고 2019년 4월부터 개정 상법을 적용하고 있다.[1)]

일본의 상법을 참조한 우리나라는 1961년 상법전이 제정된 이후 해상편에 대하여 1997년과 2008년 각각 대폭적인 개정작업을 거쳤다.[2)]

이제 일본의 해상법이 우리나라보다 더 최신의 법률이 되었다. 한일간에 많은 무역거래가 일어나기 때문에 일본의 해상법의 개정은 우리나라에도 큰 영향을 미치게 된다. 아래에서 이번 일본 해상법의 개정 사항에 대하여 알아본다.

---

1) 이에 대한 자세한 내용은 北村雅史, 商法總則商行爲法(法律文化社, 2018); 箱井崇史, 現代海商法(成文堂, 2018)이 있다.
2) 자세한 내용은 김인현, 「해상법」(법문사, 2018), 173면.

일본 해상법학계의 원로인 오치아이 동경대 명예교수

Ⅱ. 일본 전체 해상법의 구조

1. 국제해상물품운송법

일본 해상법이 우리나라와 다른 점 중에서 가장 눈에 띄는 것은 國際海上物品運送法의 존재이다.[3] 이 법은 헤이그 비스비 규칙을 국내법화한 것으로 외항운송의 경우에만 적용된다. 적용범위의 관점에서 보면 이는 상법 해상편의 특별규정으로 기능한다. 그러므로, 상법 해상편의 규정은 이 법률과 충돌이 있는 한은 적용되지 않는다. 예를 들면, 항해과실면책 규정은 상법 해상편에 있는 것이 아니라, 국제운송법에 있다. 그러므로, 내항선끼리의 충돌에서는 항해과실면책이 법률로서 인정되지 않는 결과가 된다.

한편, 이 법은 국제운송에만 적용되기 때문에 선박의 등기, 정기

3) 일본의 국제해상물품운송법에 대한 해설서로는 戸田修三・中村眞澄, 「國際海上物品運送法」(青林學院, 1997)이 있다.

용선의 대외적인 관계, 선박우선특권 등은 상법의 해상편이 단일하여 적용된다.[4][5]

2. 일본 해상법의 체계

(1) 상법 제2편 상행위 제8장 운송영업규정

우리나라는 제2편 상행위 제9장의 운송의 규정은 육상운송에만 적용하고, 필요한 것은 이들 규정을 해상편과 항공운송편에 준용하는 형식을 취한다.[6] 예컨대, 화물상환증의 물권적 효력을 선하증권에서 준용하고(상법 제133조, 제861조), 수하인의 권리와 같은 것도 해상운송에 준용한다(상법 제140조, 제815조). 해상운송인의 손해배상책임의 규정(제795조)은 상법 해상편에 있기 때문에 상행위편의 제150조를 준용하지 않는다. 일본도 이와 유사했다.

그런데, 이번 일본 상법개정시에는 해상, 육상 그리고 항공에 공통으로 적용되는 규정을 상행위편에 두게 되었다. 즉, 상행위 운송의 규정은 해상운송에도 직접적용하는 규정이 되었다.[7] 따라서 준용규정을 상법 해상편에 굳이 두지 않게 되었다.

운송인의 주의의무, 손해배상의 범위, 고가물의 특칙, 불법행위

---

4) 우리법과 달리 선박소유자책임제한의 실체와 관한 법률이 따로 절차법과 같이 있다. 우리나라는 선박소유자책임제한절차법만 따로 있고, 실체에 관한 법은 상법 해상편에 있다.

5) 선박충돌법에서 주의의무의 기준을 제시하게 되는 해상교통법은 우리나라는 해사안전법과 선박입출항법으로 구성되는데, 일본은 海上衝突豫防法, 海上交通安全法, 開港秩序法 등 소위 海上交通 3법이 있다. 일본과 우리나라 모두 1972년 국제해상충돌예방규칙(COLREG)을 비준한 국가이다.

6) 이철송, 「상법총칙・상행위」(박영사, 2018), 520면; 일본도 우리나라와 같이 제1편에 상법총칙, 제2편에 상행위를 두고 제3편 회사 그리고 제4편에 해상 그리고 제5편에 보험을 두었었다. 이것이 최근에 단행법화를 거치면서 현재 상법전에는 제1편 상법총칙, 제2편 상행위 그리고 제3편에 해상만 남겨진 상태이다.

7) 松井信憲・大野晃宏, 「平成 30年 商法改正」(商事法務, 2018), 12면.

규정은 해상, 항공 그리고 육상에도 준용규정없이 모두 적용되게 되었다. 여기에 새로운 운송의 방법인 복합운송도 추가했다. 그리고 실무에서 사용되지 않는 화물상환증도 과감하게 삭제했다.

일본도 우리나라와 같이 청구권 경합설을 취하는 국가이다. 그렇기 때문에 운송 중의 운송물사고에 대하여 화주는 채무불이행책임과 함께 불법행위책임을 물을 수 있다. 헤이그 비스비 규칙은 운송계약과 관련하여 책임제한 등은 불법행위책임을 물을 경우에도 적용되도록 하고 있다. 이는 마치 법조경합설을 취한 것과 같은 것이다. 일본은 國際物品運送法에서 이미 도입하였었다. 이번 상법개정에서 이를 추가하여 내항운송에도 동일하게 적용이 가능하게 되었다.

(2) 일본 상법 제3편 해상

일본 상법 제3편 해상편(해상법)은 선박, 선박소유자, 선체용선자, 정기용선자등 해상기업의 주체에 대하여 먼저 규정하고 난 다음에 운송계약으로서 개품운송계약과 항해용선계약을 두었다. 그리고 운송증권인 선하증권과 해상화물운송장을 두었다.[8] 해상위험인 선박충돌, 공동해손, 해난구조를 두고 마지막에 선박우선특권을 두었다.[9]

해상운송과 용선은 결국 해상기업이 상인으로서 물적 설비와 인적 설비를 가지고 영리활동을 하는 것인데, 우리 상법은 상인으로서 해

---

8) 일본 해상법은 우리나라와 비교하여 선체용선과 정기용선이 개품운송계약보다 앞서나감으로써 논리적으로 더 탄탄하게 되었다. 선체용선과 정기용선은 해상기업들이 물적 설비를 갖추는 것이고 이것이 갖추어진 다음에 운송이라는 영리행위를 하는 것이므로 이러한 편제가 더 논리적이라고 본다. 우리 법은 선박소유자와 뒤떨어져 있는 점이 문제이고, 항해용선계약 → 정기용선계약 → 선체용선계약으로 편제되어 있어서 실무상 모순된다. 정기용선계약상 용선자가 선체용선을 해줄 수는 없기 때문이다. 일본과 같이 선체용선계약 → 정기용선계약 → 항해용선계약으로 기술되는 것이 맞다. 이에 대하여 동지의 견해로는 김인현, 전게서, 174면이 있다.

9) 우리 상법 해상편은 2007년 상법 개정시 선박우선특권을 마지막에서 앞으로 이동하였다.

상기업에 대한 규정이 전무하다. 다만, 선박소유자책임제한의 규정이 있을 뿐이다. 일본은 사용자책임에 해당하는 규정을 상법 해상편에 존치함으로써 더 탄탄한 논리구조를 가지게 되었다(상법 제690조).[10]

Ⅲ. 손해배상액의 정액화, 고가물에 대한 책임, 불법행위 책임

1. 정액배상주의

운송인을 보호하기 위하여 손해배상액을 정액화하는 규정은 우리나라와 일본(제580조)에 있어왔다. COGSA에도 그러한 규정을 가지고 있었다. 본 상법은 이번 개정작업을 통하여 정액배상주의를 그대로 유지하게 되었다(상법 제2편 상행위 제576조).[11] 결과손해(consequential damages)와 같은 경우는 손해배상의 범위에서 제외했다.[12] 도착지의 가격으로 한정해서 운송인은 손해를 배상하면 된다.[13]

이 손해배상액의 정액화는 해상운송인의 포장당책임제한과의 관계가 문제된다. 이것은 두 가지 중에서 운송인이 유리한 것을 택하면 된다.[14] 포장당책임제한을 못하게 되는 경우에도 운송인의 책임은 정액으로 제한된다.[15]

정액배상에 해당되는 손해는 운송물의 멸실에 대한 것이다. 지연손해도 운송인이 배상할 책임을 지지만, 정액배상의 대상이 되는지 규정은 없다.[16]

---

10) 일본 상법 제690조 "선박소유자는 선장 기타 선원이 직무를 수행하는 중 고의 혹은 과실로 타인에게 가한 손해를 배상할 책임을 부담한다".
11) 箱井, 前揭書, 160면.
12) 松井 外 1人, 前揭書, 29면.
13) 箱井, 前揭書, 162면.
14) 김인현, 전게 해상법, 264면; 최종현, 전게서, 319면.
15) 김인현, 전게 해상법, 264면.

2. 고가물의 법칙

고가물은 운송인이 더 주의깊게 보관을 해야 한다.[17] 그러기 위해서는 운송인이 운임을 더 받아야 한다. 그런데, 화주는 고가물임을 신고하지 않는 경우가 대부분이다. 고가물의 신고를 유도한다는 차원에서 고가물에 대하여 신고를 하지 않았다면 운송인은 전혀 책임을 지지 않는 규정을 두고 있다.[18]

우리나라와 같이 일본도 그러하다.[19] 일본 상법은 고가품은 신고하지 않은 경우 배상하지 않는다고 명문의 규정은 이미 존재하고 있었다(제2편 상행위 제577조 제1항). 이에 대한 예외규정을 이번에 추가하게 된 것이다. 첫째, 운송계약 체결시 운송물이 고가물임을 운송인이 안 경우 둘째, 고의 혹은 중과실로 고가물의 멸실, 손상 혹은 연착이 발생한 경우에는 제1항의 규정은 적용이 없다(제577조 제2항).[20][21]

우리나라와 크게 달라진 점은 우리나라에서 고가물의 특칙은 불법행위책임에는 적용되지 않지만, 일본에서는 이번 개정작업시 불법행위책임에도 적용하도록 입법화되었다는 점이다. 피해자의 보호에는 소홀화되었지만 법적 안정성을 추구한 결과이다. 고가물임을 안 경우에 우리나라에서는 이를 학설로서 처리하는데 의견이 분분하다.[22] 일본은 전액배상하는 것으로 입법화된 점이 우리와 다르다.

---

16) 이에 대하여 논의과정에서 지연의 경우 운송물보다 큰 것은 형평에 맞지 않다고 하여 운송물의 가액을 한도로 지연손해를 부담한다는 제한을 두려고 했지만 통과되지 못했다. 松井 外 1人, 前揭書, 29면.

17) 이철송, 전게서, 537면.

18) 이철송, 전게서, 537면.

19) 箱井, 前揭書, 163면.

20) 따라서 운송중 고가물임을 안 경우에도 책임을 부담하지 않는 것으로 이해된다. 개정과정에서 중과실보다도 더 중한 무모한 행위로 하여 운송인을 더 보호하자는 논의가 있었지만, 채택되지 않았다. 松井 外 1人, 前揭書, 31면.

21) 松井 外 1人, 前揭書, 31면.

3. 제척기간

일본의 제척기간은 크게 3가지로 서로 다르게 규정되어 있었다. 육상운송의 규정, 해상편에서 내항운송의 경우 및 국제해상운송규정이다. 국제해상운송의 규정은 헤이그 비스비 규칙과 같이 1년의 단기제척기간을 정하고 있었는데,[23] 육상의 운송규정은 소멸시효였다[24]. 개정위원회는 육상운송이라고 하여도 화주측이 인도 후에 얼마까지 청구권이 주어지는지 모르는 상태가 지속되는 것은 좋지 않다고 보았다. 그래서 제척기간으로 규정된 COGSA 제14조의 규정을 취하기로 했다.[25]

체제상으로 COGSA에 규정되었던 제척기간 규정은 삭제되었다. 그리고 상법해상편의 규정도 없어지고, 제2편 상행위편의 제8장 운송의 규정에 일반규정으로서 1년의 제척기간을 두었다. 운송물을 인도한 다음 날로부터 1년 이내에 소를 제기하지 않으면 송하인은 운송인에게 더 이상 청구할 수 없게 되었다(개정상법 제2편 상행위 제585조 제1항).[26] 합의로 연장이 가능하다(제2항). 하청계약이 체결된 경우 하청업자는 손해배상청구가 합의된 날로부터 3개월간 더 연장된 제척기간을 가진다(제585조 제3항). 즉, 계약운송인－실제운송인의 경우 계약운송인은 실제운송인에 대한 제척기간은 자신이 합의 혹은 청구한 날로부터 3개월 연장된다(제3항). 이제 일본은 해상, 육상, 항공이 모두 이 규정의 적용을 받게 된 것이다.[27] 우리나라와 많이 달라진 점이다.[28]

---

22) 보통물로 처리한다거나, 고가물로 처리한다는 등의 의견이 있다. 자세한 내용은 이철송, 전게서, 539면 이하가 있다.
23) 箱井, 前揭書, 165면.
24) 개정 전 상법 제589조, 566조 제1항 2항에 의하면 1년의 소멸시효였다.
25) 北村雅史, 前揭書, 198면.
26) 松井 外 1人, 前揭書, 41면.
27) 항공운송의 경우 몬트리얼 조약의 비준국이므로 조약의 규정이 먼저 적용된다.

다만, 우리 법이 가지고 있는 제814조 제1항과 2항은 동일하지만, 제3항의 소송고지를 활용하는 규정은 없다는 점이 다르다.

4. 불법행위 책임

일본도 우리나라와 같이 청구권경합설을 취하는 국가이다.[29] 운송중의 손해에 대하여 화주는 운송인에게 채무불이행책임을 물을 수 있는 것은 물론이고 불법행위에 기한 책임도 물을 수 있다는 것이 바로 청구권경합설이다. [30] 그런데, 상법에 있는 규정들은 계약책임을 다루는 것이다.[31] 그래서 상법이 가지고 있는 정액배상주의, 고가물의 책임, 책임제한과 같은 규정들이 불법행위를 청구원인으로 한 경우에도 적용되는지가 문제되어 왔다.[32] 우리 법원은 청구권 경합설을 인정한다.[33]

일본 대법원도 마찬가지이다.[34] 그렇지만, 상법의 이런 규정들이 국제조약을 통하여 입법되었는데, 이런 규정을 둔 취지가 상거래에서 특히 집단화된 해운운송의 대량거래에 신속을 기하고 운송인을 보호하려는 취지를 가진 것임에도 불구하고, 불법행위를 청구원인으로 할 경우 적용이 없다고 한다면 계약상에 이런 규정을 둔 것의 입법취지가 무색해 진다.[35] 이런 이유에서 헤이그 비스비 규칙과 갈

---

28) 우리나라 보다 일본의 개정상법에 의하면 당사자들의 법률관계가 훨씬 단순하게 되었다. 상법의 이념인 예측가능성을 부여했다고 판단된다.

29) 北村雅史, 前揭書, 199면.

30) 동지 이철송, 전게서, 542면. 송하인의 보호를 강조하는 견해라고 한다.

31) 이철송, 전게서, 542면.

32) 법조경합설은 운송계약상의 손해배상책임만을 인정하고 불법행위상의 책임은 물을 수 없다고 한다. 청구권경합설은 양자의 청구원인을 모두 인정한다.

33) 이철송, 전게서, 542면. 대법원 1977.12.13.선고 75다 107판결.

34) 北村雅史, 前揭書, 199면.

35) 대법원 1983.3.22.선고 82다카1533판결에서 대법원은 "해상운송인이 발행한 선하증권에 기재된 면책약관은 일반 운송계약상의 면책특약과는 달리 운송계약상의 채무불이행 책임뿐만 아니라 그 운송물의 소유권침해로 인한 불법행위 책임에 대하여도 이를 적용하기로 하는 당사자간의 숨은 합의가 포함되어 있

은 경우 불법행위책임을 청구원인으로 해도 운송인은 동일한 책임과 보호를 받는다고 한 것이다.[36)]

이런 제도는 해상운송편에만 있다(상법 제798조 제1항).[37)] 그래서 육상운송에도 적용될 것인지가 문제되었다. 우리나라의 경우 상행위편의 이런 규정에 적용을 시도하였지만 실패하였다.[38)] 일본도 우리나라와 같이 청구권 경합설과 법조경합설의 대립이 있어왔다.[39)] 이번 개정에서는 법조경합설의 입장에서 상법 운송편에 있는 규정들은 불법행위를 청구원인으로 하는 경우에도 적용되는 것으로 하였다(개정 상법 제587조). 따라서, 고가물의 특칙, 단기소멸시효, 정액배상주의의 원칙이 불법행위를 청구원인으로 한 경우에도 적용되게 되었다.[40)41)] 이 제도는 해상운송, 육상운송 및 항공운송에도 적용되게 된다. 이는 우리나라와 크게 달라진 점이다.[42)]

다고 보는 것이 타당하므로 그 면책약관의 효력은 당연히 운송인의 불법행위책임에까지 미친다고 보아야할 것이다"고 판시하였다. 우리 상법은 1997년 상법개정시 이를 명문화하였다(상법 제798조 제1항).

36) 헤이그 비스비 규칙 제4조의2.

37) 정찬형 교수는 결과적으로 해상물건운송의 경우 법조경합설에 따른 입법을 한 것과 동일하게 되었다고 설명한다. 정찬형, 전게서, 921면.

38) 2008년 2월에서 9월까지 법무부 상법개정특별위원회(위원장 신현윤 교수)가 활동하였다. 위원회는 2008.9.20. 최종개정안을 법무부에 제출하였다. 이 개정안에는 상법 제798조 제1항의 규정을 제135조 제2항(이 절의 운송인의 책임에 관한 규정은 운송인의 불법행위로 인한 손해배상의 책임에도 적용한다)에 추가는 내용이 포함되었다. 신현윤, "상법총칙·상행위법 개정안의 주요쟁점, 「상사판례연구」 제21집 제3권(2008.9.), 14면. 그러나 최종적으로 국회를 통과하지 못하여 개정이 무산되었다.

39) 해상운송분야가 아닌 분야는 여전히 청구권 경합설이 유효하다. 도선사의 손해배상책임에 대하여 선주와 도선사 사이에 도선약관이 존재하는 바, 이에 의하면 도선사의 책임은 도선료로 제한된다. 청구권경합설에 의하면 선박소유자는 불법행위청구가 가능하고 이에 대하여는 법률에 특별한 규정이 없으므로 약관은 적용이 없기 때문에 전액배상을 해야 한다는 결론에 이른다.

40) 松井 外 1人, 前揭書, 43면.

41) 松井 外 1人, 前揭書, 43면. 즉, 상품권을 운송하던 운송인이 중도에서 상품권을 분실 한 경우에 약정에 따른 책임제한의 주장을 청구원인을 불법행위로 해도 여전히 할 수 있게 되었다

42) 우리나라도 이와 같은 일본의 입법태도를 따를 것으로 보인다.

Ⅳ. 수하인의 권리와 의무, 송하인의 위험물통지의무, 화물상환증

1. 수하인의 권리와 의무

운송계약의 당사자는 운송인과 송하인(shipper)이다.[43] 따라서 운송물인도청구권을 가지는 자는 송하인이지 수하인이 아니다.[44] 그런데, 격지간의 운송물은 도착지에서 수하인이 수령해야 한다. 운송계약상 운송물인도청구권이 수하인에게 주어지는 방법으로는 이 권리를 송하인이 수하인에게 양도하는 방법이 있다. 지명채권이기 때문에 채무자인 운송인에게 통지를 해야하는 번거로움이 있다(민법 제450조). 제3자를 위한 계약으로 처리하는 방법도 있다. 송하인과 운송인이 운송물인도청구권은 제3자인 수하인이 갖는다는 약정을 체결했다고 보는 것이다.[45] 이러한 이론적인 설명의 어려움을 극복하는 방법은 수하인에게 인도청구권을 부여하는 것이다. 이에 우리 상법은 제140조에 이런 규정을 가지고 있다. 일본도 마찬가지로 동일한 내용이다(개정전 538조).

운송물이 도착지에 도착하면 송하인이 가지던 권리를 수하인도 가지게 된다. 여기에는 운송물인도청구권도 포함된다.[46] 그런데, 운송물이 운송 도중 멸실된 경우는 운송인은 인도청구권을 가지지 못하게 된다.[47][48]

---

43) 이철송, 전게서, 523면.
44) 이철송, 전게서, 550면.
45) 동지, 채이식, 「상법강의(上)」(박영사, 1990), 281면.
46) 이철송, 전게서, 529면.
47) 대부분의 우리나라 상법 교과서는 이를 지적하지 못하고 있다.
48) 소유권을 취득하는 수하인이 불법행위청구를 하는 경우도 있지만, 채무불이행책임을 묻는 것이 편할 경우도 있다. 국제거래에서 이미 수하인이 송하인에게 대금을 지급했음에도 불구하고 인도청구권을 가지지 못하는 경우가 발생한다.

일본에서 2013년 MOL Comfort호 사건에서 운송 중인 컨테이너 선박이 침몰하자 수하인들이 과연 운송물인도청구권을 가지는지가 문제되었다.[49] 상품의 대금을 이미 송하인에게 지급한 수하인들이 운송인에 대하여 손해배상청구를 하기 위하여는 운송물인도청구권이 전제가 되어야 했다.[50] 선하증권이 발행되지 않고 서렌더 선하증권이 발행되거나,[51] 해상화물운송장이 발생된 경우는 법률의 규정에 의하여 인도청구권이 인정되기 때문이었다. 규정이 없으므로, 송하인만이 인도청구권을 가지고 손해배상청구권을 행사할 수 있었다. 이번 개정 상법은 "운송물이 운송도중에 멸실된 경우에도 수하인도 운송물에 대한 인도청구권을 가진다"는 점을 입법에 반영하게 되었다(상법 제2편 상행위 제581조 제1항).[52] 이 점이 우리와 다르게 된 것이다.[53]

2. 위험물 통지의무

일본 개정 상법은 송하인은 운송물이 인화성, 폭발성 기타 위험성을 가지는 경우, 그 인도전에 운송인에 대하여 그 취지 및 운송물의 이름, 성질 기타 안전한 운송에 필요한 정보를 통지하지 않으면 아니된다(제2편 상행위 상법 제572조).

최근 컨테이너 운송 등에서 여러차례 큰 화재 및 폭발사고가 발

그렇지 않다면, 송하인으로부터 청구권을 양도받아야 한다. 송하인이 외국에 있는 경우는 접촉도 쉽지 않다.

49) 야마구치 변호사는 2013년도 고려대 해상법 전문가 강좌(2013.12.11)에서 이에 대하여 설명하였다.

50) 물론 불법행위를 청구의 원인으로 할 수도 있다. 그러나, 채무불이행을 청구원인으로 하는 경우 유리한 측면도 있기 때문에 이의 인정이 필요하다.

51) 서렌더 선하증권은 유가증권이 아니기 때문에 물권적 효력이 없다.

52) 이에 대한 자세한 내용은 松井 外 1人, 前揭書, 36면을 참고바람.

53) 우리나라도 세월호 사고의 경우에 제주도에 미처 도착하지 못한 화물의 경우 수하인이 운송계약상 책임을 세월호의 운송인에게 묻지 못하는 결과가 나타났다.

생했기 때문에 이를 방지하기 위한 조치로서 이런 주의의무를 특별히 송하인에게 부과시켰다. 이를 위반하여 운송물이 적재된 경우 운송인은 손해배상책임을 부담하게 되는바, 특별한 언급이 없기 때문에 일반원칙에 따라 과실책임이라고 해석된다.[54] 송하인도 매도인으로부터 통지받지 못하여 그 내용을 모른 경우에는 이에 과실이 없었다면 책임을 부담하지 않는다. 우리 상법은 아직 이러한 규정을 가지고 있지 않다.[55]

3. 화물상환증 규정의 삭제

화물상환증이 상법의 상행위편에 존치되어 왔다. 이는 일본과 우리나라가 같은 입장이었다.[56] 화물상환증은 유가증권이고 유통성을 전제로 한다. 그런데, 우리나라나 일본같이 하루면 이동하는 육상운송에서 이러한 화물상환증이 필요없기 때문에 실무에서도 발행되지 않고 있었다.[57]

일본 상법도 상행위편에 화물상환증의 규정을 두고 있다. 우리 상법과 같이 물권적효력, 채권적 효력, 지시증권성, 상환성을 두고 있다. 선하증권에 대한 규정은 아예 상법 해상편에는 존재하지 않았다. 다만, 국제해상물품운송법에 선하증권에 대한 규정을 가지고 있었다. 그러므로, 국내해상운송에서는 선하증권이 법률로서 규율되지 않는 결과가 되었다. 이번 개정에서는 과감하게 화물상환증에 대한

---

54) 松井 外 1人, 前揭書, 23면.

55) 송하인의 의무에 관하여는 김인현, “로테르담 규칙하여 송하인의 의무”, 「한국해법학회지」 제35권 제1호(2013.4), 179면 이하가 있다. 최종현 변호사도 “해상법의 발전방향”, 「한국해법학회지」 제31권 1호(2009.4), 38면 이하에서 함부르크 규칙 제13조, 로테르담 규칙 제30조 제2항과 32조의 예를 따라서 송하인에게 위험물에 대한 통지의무 및 무과실책임을 부과할 것을 제안한다. 위 김인현 교수도 같은 취지이다. 전게논문, 207면.

56) 이철송 교수도 화물상환증의 법리는 선하증권의 기초법리를 이루고 있지만, 그 중요성은 실제의 활용도와 달리 매우 크다고 지적하고 있다. 전게서, 552면.

57) 이철송, 전게서, 552면.

규정을 삭제하고, 상법 해상편에 그 규정들을 모두 이전하게 되었다.[58] 즉, 선하증권의 물권적 효력, 채권적 효력, 상환성, 지시증권성 등은 모두 상법 해상편에 직접 규정되게 되었다(상법 제760조 이하).[59]

Ⅴ. 복합운송인의 책임

운송인이 하나가 아니라 2개 이상의 운송수단을 사용하여 운송을 인수하는 것이 복합운송이다.[60] 예를 들면 서울에서 미국의 워싱턴 DC까지 가는 운송을 판토스가 인수한 경우와 같다. 이 경우 서울에서 부산까지는 트럭운송을, 부산에서 LA까지는 해상운송을 그리고 LA에서 워싱턴 DC까지는 다시 철도운송을 하게 되는 경우이다. 이렇게 되면, 세 개의 서로 다른 운송수단을 사용하게 된다. 각각의 서로 다른 모드의 운송계약을 화주가 운송인과 맺는 것이 아니라, 하나의 운송을 운송인이 맺게 된다는 점에서 특징이 있다.[61] 가장 문제가 되는 것은 손해배상이다. 해상, 육상, 철도의 책임제도가 다르기 때문에 어느 법을 적용하는지에 따라 손해배상액이 달라진다. 특히, 손해구간이 불명인 경우 어느 법을 적용할지가 문제된다.

복합운송은 최근에야 생긴 것이므로 19세기에 만들어진 일본 해상법에 복합운송에 대한 규정이 없는 것은 당연하다. 이번 개정을 통하여 일본도 복합운송에 대한 규정을 상법 제2편 상행위 제578조에 추가하게 되었다.[62] 복합운송에 적용되는 단행법을 두는 것이 아니라, 어느 법을 적용할 것인지 지정하는 기능만 하는 것으로 했다.

58) 松井 外 1人, 前揭書, 115면.
59) 北村雅史, 前揭書, 202면.
60) 김인현, 전게서, 363면.
61) 김인현, 전게서, 369면.
62) 北村雅史, 前揭書, 201면.

이는 우리나라의 입장과 동일하다.

① 육상, 해상, 항공에 모두 적용되는 것이다(제1항)

"육상운송, 해운운송 및 항공운송의 가운데 둘 이상의 운송을 하나의 계약으로 인수한 경우"를 복합운송으로 정의하게 되었다.[63)]

② 네트워크 책임제도를 채택하였다.

그래서 복합운송에서 손해가 발생한 구간에 적용되는 법을 적용한다. 해상에서 발생한 경우에는 국제해상물품운송법을 적용하고, 항공에서 손해가 발생하였으면, 일본이 비준한 몬트리얼 의정서를 적용하는 것이다.

발생장소가 불명인 소위 concealed damages의 경우 상법 해상편에는 특별한 규정을 두지 않았기 때문에 상법 제2편 제8장 2절의 내용이 적용되는 것으로 해석된다.[64)] 그런데, 제8장 제2절에 의하면 일반 손해배상을 부담하는 것이 된다. 제2절에는 책임제한제도가 없다. 따라서 운송인은 어느 구간에서 사고가 발생했음을 입증하려고 노력할 것이고, 화주측은 손해가 불명임을 입증하게 할 것이다.[65)]

우리나라는 복합운송관련 규정이 해상을 반드시 넣은 경우, 즉 해상-항공, 해상-육상의 경우에만 적용되지, 항공-육상, 항공-해상-육상의 경우는 적용이 없는 것이다.[66)] 일본은 이 모든 경우를 아우르는 입법을 하게 되어 우리보다 적용범위가 넓고 더 안정적이 되었다고 할 수 있다.

---

63) 箱井, 前揭書, 93면.

64) 箱井, 前揭書, 94면.

65) 이렇게 한 이유에 대하여 한국의 경우 긴 구간의 법이 적용된다고 하지만, 항공운송이 개입된 경우 불합리하다는 것이다. 그래서 이를 임의규정으로 하여 당사자들의 약정에 의하여 처리하도록 하고 상법은 일반원칙을 적용하는 것으로 했다고 한다.

66) 김인현, 전게서, 365면. 이에 대한 자세한 설명은 김인현, "2007년 상법 해상편의 편제 및 복합운송에 관한 개정 경위와 내용", 「한국해법학회지」 제30권 제1호(2008.1.), 7면 이하가 있다.

일본은 처음으로 복합운송에 대한 규정을 두게 되었다. 실체법적인 단행법을 둔 것이 아니라 사고의 경우에 어떤 법을 적용할 것인지만 정하였다.[67] 즉, 적용할 법을 지정하는 규정을 둔 것이다. 이에 의하면 손해구간이 확인된 경우는 손해가 발생한 구간에 적용되는 법을 적용하고(일본 상법 제578조 제1항),[68] 손해구간이 불명인 경우는 특별한 규정을 두지 않았다.[69]

일본에서 미국으로 운송중 해상-철도로 이어진 경우 해상구간에서 손해가 발생하였다면 상법 해상편과 일본 COGSA 의 규정이 적용된다. 육상구간에서 손해가 발생하였다면 제2편 상행위 제8장 운송영업규정이 적용된다.[70] 이러한 준거법 적용의 규정은 임의규정임을 분명히 하고 있다.[71] 따라서 어느 경우에나 일본 COGSA를 적용한다고 정할 수 있는 것이다.

손해구간이 불명인 경우에 대하여 한국법이 운송구간이 긴 것에 적용되는 법을 정한 것에 대하여 일본에서는 반드시 합리적이 아니라는 비판의 소리가 있어서 채택되지 않았다.[72] 일본은 일반법리에 일임하는 입장을 취하였는데, 법적 안정성과 예측가능성이 떨어진다고 보아야 한다.

Ⅵ. 선장 및 선장의 대리권

해상기업이 바다를 이용한 영리활동을 하기 위하여는 선박과 선

---

67) 우리나라와 동일하다. 복합운송에 적용될 실체법을 정한 것이 아니라, 어느 나라의 실체법을 적용할지를 정하는 내용이다.
68) 箱井, 前揭書, 94면. 이를 네트워크 시스템을 택한 것으로 평가한다.
69) 일반 규정이 적용되므로, 결국 당사자의 약정에 의할 것이다.
70) 따라서, 포장당 책임제한의 이익을 운송인은 주장할 수 없다.
71) 箱井, 前揭書, 94면. 우리나라는 이에 대하여 견해의 대립이 있다. 강행성을 인정하는 견해로는 정찬형, 「상법(하)」, 937면; 임의규정이라는 견해는 김인현, 전게서, 367면; 최종현, 전게서, 401면이 있다.
72) 같은 비판으로는 최종현, 전게서, 401면이 있다.

장이 있어야 한다. 선박은 물적 설비, 선장은 인적 설비라고 한다. 선장은 선박에서 최고 권력자로서 지위를 갖지만 영업상으로는 선박소유자의 대리인이다.[73] 선장은 선박소유자의 임의대리인이지만 그 대리권의 범위는 법정되어 있다(상법 제749조).[74]

이러한 대리권은 원칙적으로 수권의 범위 내에서만 유효한데, 일일이 수권의 범위를 확인 할 필요가 없이 포괄적으로 선적항 외에서는 "항해에 필요한 재판상 재한외의 모든 행위"를 할 권한을 허용하여 상대방이 대리권의 유무를 확인할 필요가 없도록 한 점에 상법의 의의가 있다.[75]

우리나라와 일본은 모두 선적항 내에서는 좁은 대리권을 주고 선적항 밖에서는 넓은 대리권을 주었다(상법 제749조 제1항 및 제2항). 선적항 내에서는 선원의 고용과 해고에 대한 권한을 가지고, 선적항 밖에서는 재판상 재판외 모든 행위를 할 수 있다.[76] 예컨대, 비상시 예항계약을 체결했다면 이는 선박소유자에게도 효력이 있게 된다. 그런데, 선장의 대리권은 옛날과 같이 광범위하게 주어질 필요가 없는 것은 사실이다. 전화, 팩시밀리, 카톡 등 여러 다양한 방법으로 의사소통이 가능하다.

이를 반영하여 일본 개정 상법은 선장의 법정 대리권의 범위를 줄이게 되었다. 선박을 저당의 목적으로 붙이는 것, 자금을 빌리는 것, 선적항 내에서 아예 규정을 삭제하여 선원의 고용과 해고에 대

---

73) 동지, 정찬형, 전게서, 845면; 선장이 선박소유자의 대리인이라는 의미는 아래와 같다. 한국국적의 선박이 아프리카 오지에 입항하였다고 하자. 그는 선박연료유 및 부식을 공급받아야 한다. 공급업자는 더반에 있다. 그와 그 회사의 대표이사가 직접 계약을 체결하여야 한다. 그는 멀리 떨어져있다. 선장이 대표이사를 대리하도록 하면 이 문제를 해결할 수 있다. 현지에서 그런 행위를 한 결과는 공급업자와 대표이사에게 효력을 미치게 한다. 공급업자는 선장에게 대금지급을 요구할 것이 아니라 대표이사에게 청구해야하는 것이다.

74) 정찬형, 전게서, 847면.

75) 동지 정찬형, 전게서, 847면: 김인현, 전게서, 142면.

76) 정찬형, 전게서, 847면: 김인현, 전게서, 142-144면.

한 대리권은 갖지 못한다(개정 상법 제708조).[77]

그렇지만, 이것은 일본의 성급한 태도인 것으로 보인다. 해상법은 상선에만 적용되는 것이 아니라 어선에도 적용된다. 원양어선과 같은 경우에는 아직도 어선 선장이 선원들을 선발하는 것이므로 여전히 이러한 범위의 선장의 대리권은 필요하다고 하겠다.

Ⅶ. 선박우선특권

선박우선특권은 채권자에게 채무자의 선박을 임의경매 신청을 할 수 있게 한다. 가압류가 허용되지 않는 선체용선선박에 대하여도 임의경매 신청이 가능하여 채권자의 보호에 큰 도움이 된다.[78] 모든 해사채권에 선박우선특권이 허용되는 것이 아니고 일정한 피담보채권에만 허용된다.

일본도 우리나라와 유사한 선박우선특권법 제도를 가지고 있다. 선박우선특권의 대상은 선박과 속구이다. 보험금에 대한 우선특권행사가 가능한 점은 우리와 다른 점이다. 피담보채권의 범위가 우리나라보다 넓다.[79] 채무자와 선박과의 연관성을 가지고 있다. 나용선(선체용선) 선박에 대하여 선박우선특권의 행사가 가능하도록 명문의 규정이 있는 점은 우리와 같다. 그런데, 정기용선된 선박에 대하여는 명문의 규정이 없어서 해석에 맡겨져 왔다. 등기할 필요가 없지만, 그 효력은 저당권보다 우선한다. 1년이 지나면 행사할 수 없다. 추급권이 있다.

우리 법과 큰 차이가 나는 것을 보면 아래와 같다.

첫째, 피담보채권이 우리와 다르다.[80] 우리 법에서는 선박연료유

77) 松井 外 1人, 前掲書, 86, 87면.

78) 자세한 내용은 김인현, 전게서, 479면 이하가 있다.

79) 선박연료유공급채권, 선박소유자책임제한의 대상이 되는 제한채권자의 채권은 모두 피담보채권이 된다. 운송물채권도 해당된다.

공급채권은 피담보채권이 되지 않지만, 일본은 이를 인정했고 이번 개정안에서도 선박연료유 공급채권(제4호)을 피담보채권으로 남겼다.

선박 혹은 속구의 경매에 관한 비용 및 경매 수속개시후의 보존비는 같은 효과를 가지는 민사집행법에 일임하기 위하여 삭제했다.[81)]

선박운항관련 신체상 사상을 입은 자를 보호하여 제1순위로 했다.[82)]

최후항에 있어서 선박 및 속구의 보존비는 1993년 국제 조약과 다른 국가의 예를 참조하여 삭제했다.[83)]

순위	개정전	개정후
1순위	선박 혹은 속구의 경매에 관한 비용 및 경매수속개시후의 보존비(삭제)	선박운항에 직접관련되어 발생한 인명과 신체에 대한 손해에 관한 손해배상청구권(신설)
2순위	최후항에 있어서 선박 및 속구의 보존비	구조료에 관한 채권과 선박이 부담하는 공동해손분담에 기초한 채권
3순위	항해에 관하여 선박에 부과된 세금	국제징세법 혹은 국세징수의 예에 따라 징수가 가능한 청구권에 의한 선박의 입항, 항만의 이용 기타 선박의 항해관련된 혹은 도선료 및 예선료 관련된 채권
4순위	도선료 및 예항료	항해를 계속함에 필요한 비용에 관한 채권
5순위	구조료 및 선박이 부담하는 공동해손	고용계약에 의해 발생한 선장 기타 선원의 채권
6순위	항해계속에 필요하여 발	

80) 일본이 인정하는 선박우선특권을 발생시키는 채권은 상법에만 있는 것이 아니라 선박소유자책임제한법 등에 있다. 선박충돌로 인한 피해자가 가지는 채권도 그 중 하나이다. 자세한 내용은 箱井, 前揭書, 2367면이 있다. 이에 반하여 우리나라에서는 이는 상법 제777조의 선박우선특권이 인정된다.

81) 松井 外 1人, 前揭書, 191면.

82) 松井 外 1人, 前揭書, 193면.

83) 松井 外 1人, 前揭書, 192면.

	생한 채권	
7순위	고용계약에 기하여 발생한 선장 기타 선원의 채권	
8순위	(생략)	

둘째, 선박우선특권의 대상이 되는 목적물에 변화를 두었다. 미수운임을 삭제했다. 이는 추급력이 미치지 않기 때문에 실효성이 없기 때문이다.[84)]

셋째, 정기용선자의 경우 우리 상법은 명문의 규정이 없기 때문에 상법 제850조 제2항을 준용할 수 있을지가 문제되었다. 일본은 이번 상법개정에서 선체용선에 있는 규정(제703조 제2항)을 정기용선에도 준용함으로써 입법적으로 해결되었다(일본 개정상법 제707조).[85)] 우리나라와 달라진 점이다.[86)]

Ⅷ. 개품운송인의 의무와 책임

운송인은 송하인과 운송계약을 체결하면서 운송물을 안전하게 목적지에 전달할 것을 약속한다. 계약에 구체적인 의무가 기술되게 되지만, 상법에서도 운송인의 주의의무를 부과하고 있다(상법 제794조 및 제795조). 운송인의 의무는 감항능력주의의무와 운송물에 대한 주의의무 2가지가 있는데 일본에서도 이와 같다. 그런데, 좀 이해하기가 복잡하다. 일본은 국제운송에 적용되는 법률이 따로 있기 때문에

84) 箱井, 前揭書, 236면.
85) 松井 外 1人, 前揭書, 80면.
86) 우리나라는 2019년 대법원 판결로서 상법 제850조 제2항을 준용함으로써 가능하게 되었다. 이에 대한 자세한 내용은 김인현, “정기용선자가 발생시킨 채권의 선박우선특권 성립여부-인천지방법원 2017.10.17.자 2015라838결정을 중심으로”, 「상사법학회」, 제37권 2호(2018), 1면 이하가 있다. 우리나라도 일본과 같이 입법화를 하는 것이 좋다고 본다.

그렇다.

내항에서는 감항능력주의의무가 무과실책임으로 되어있었다.[87] 국제운송의 경우는 COGSA에서 과실책임주의로 변형되어있다(제5조). 그러므로, 운송인이 발항시 주의의무를 다해서 선박의 감항성을 갖추려고 했다면 그 결여로 인한 사고시에도 손해배상책임을 부담하지 않는다. 이번 개정에서 내항운송에서 운송인의 감항능력주의의무도 국제운송과 같이 하기 위하여 과실책임으로 변경했다(상법 제739조).[88] 이 규정은 개품운송의 경우에는 강행규정이라서 운송인이 이를 감면하는 약정을 하면 무효이다(제739조 제2항). 그런데, 항해용선계약에서는 이를 화주와 약정으로 면할 수 있도록 했다(제756조).[89] 국제운송은 헤이그비스비 규칙을 도입한 것이라서 우리와 같다(일본 COGSA 제5조) 이는 강행규정으로서 운송인이 책임을 면할 수 없다(일본 COGSA 제15조).[90]

운송물에 대한 주의의무는 운송인이 주의의무를 다했음을 입증하지 못하면 손해배상책임을 부담하는 것으로 되어있다. 이번 개정시 상법 해상편이 아니라, 상행위편에 두었다(제575조).[91][92]

---

87) 松井 外 1人, 前揭書, 94면.

88) 개정이유에 대하여 내항의 경우에도 선박의 대형화, 설비의 복잡화 등으로 주의를 다해도 찾기 어려운 하자들이 발생함에도 내항운송의 경우 외항과 달리 무과실책임을 부과하는 것은 지나치다는 견해가 받아들여졌다고 한다. 松井 外 1人, 前揭書, 94면.

89) 松井 外 1人, 前揭書, 95면.

90) 헤이그 비스비규칙은 운송인의 책임구간이 함부르크 규칙보다 좁다. 즉, 선적에서부터 양륙까지만 운송인의 책임범위이다. 그리고 이러한 운송인의 의무는 강행규정의 적용을 받기 때문에 항해중 보관의 의무가 없는 것으로 약정하는 것은 무효가 된다. 일본 COGSA는 상법상 운송인의 의무의 범위가 수령에서부터 인도에까지 이르기 때문에 국제운송에서 운송인의 의무의 범위를 수령에서 인도에 이르기까지로 했다. 그렇지만, 헤이그 비스비규칙과 일치하도록 하기 위하여 명문으로 수령－선적, 양륙－인도 사이의 구간에 대하여는 강행규정의 적용을 받는 것이 아니라 임의규정화 시켜두고 있다.

91) 우리나라에서는 포장당 책임제한이 널리 잘 알려지고 손해배상의 문제만 발생하면 기본적으로 운송인은 이를 주장한다. 일본의 상법을 아무리 찾아보아도

Ⅸ. 항해과실면책

선원들의 항해상의 과실로 운송 계약 관계에 있던 화물에 손상이 발생한 경우 운송인은 화주에 대하여 면책을 주장할 수 있는 제도가 항해과실면책제도이다(상법 제795조 제2항).[93] 항해과실면책이 인정되기 위하여는 감항성을 갖출 것이 전제가 된다.[94] 선박충돌, 좌초, 태풍 피항의 잘못 등 항해중에 발생한 선장등 선원의 과실로 인한 손해에 적용된다.[95] 관리상의 과실도 이에 포함되지만, 상사과실과의 구별이 애매한 상황이다.

항해과실로 인한 면책은 화재면책과 같이 일본 GOGSA에 규정되어있다(제3조 제2항). 상법에는 규정되어있지 않기 때문에 내항운송에는 항해과실면책이 없는 결과가 되었다. 운송계약상 아무런 약정이 없는 경우 상법에 의한 면책의 이익을 볼 수 없었다.[96] 그런데, 그러한 약정을 둔다고 하여도 운송인의 중과실 등이 있는 경우에 면책약정은 무효로 하고 있었기 때문에 항해과실면책의 약정을 해도 무효가 될 가능성이 높았다(일본 상법 제739조).[97] 이번 개정시

포장당책임제한권에 대한 내용이 없다. 그러므로 내항운송에서는 운송인은 법률상 포장당 책임제한을 주장할 수 없다. 국제운송의 경우에는 COGSA에 의하여 가능하다(제13조). 우리나라와 같이 단위당 666.67SDR과 Kg당 2SDR중에서 큰 금액이다. 내항운송에서도 약정으로 이것이 가능한지 의문이 제기된다. 이를 규제하였던 일본 상법 제739조가 삭제되었기 때문에 가능하다고 본다.

92) 이번 개정내용은 아니지만, 운송인의 의무와 책임부분에서 일본 법이 우리와 다른 점은 수령과 선적, 양륙과 인도 사이는 계약자유원칙의 지배를 받는다는 점이다. 운송인은 화주와 자유롭게 계약을 체결할 수 있다.

93) 우리 상법 제795조 제2항에서 인정한다.

94) 대법원 1998.12.10.선고96다45054판결; 김인현, 전게서, 241면.

95) 운송인 자신의 과실로 인한 경우에는 적용되지 않는다. 이 점은 화재면책과 다르다.

96) 그렇기 때문에 항해과실면책이나 운송인의 책임제한제도는 국제운송에만 적용되고 국내운송에는 적용되지 않는 결과가 되었다. 이에 대한 자세한 설명은 箱井, 前揭書, 86면.

이 강행규정을 삭제했다.[98)][99)] 그러므로, 약정으로 항해과실면책이 가능하게 되었다.[100)] 일본해운집회소에서는 이와 관련된 약정을 내항항해용선계약에 넣었다.

우리나라는 항해과실면책제도를 전면적으로 실시하고 있다. 일본은 내항운송에는 적용하지 않아왔었지만, 이번 개정으로 약정으로는 유효하도록 한 점에서 우리나라와 접근하게 되었다. 이러한 일본의 태도는 로테르담 규칙에서 항해과실이 완전 폐지된 점과 다르다.[101)] 독일 해상법은 항해과실면책 규정은 폐지했다. 그렇지만, 특별한 규정을 두어서 당사자 사이에 항해과실면책 약정을 체결한 것은 유효한 것으로 했다.[102)] 우리 해상법의 기초가 된 독일과 일본의 경우보다 우리나라가 운송인을 더 보호하는 입장에 있다고 할 수 있다.

X. 히말라야 조항

운송인은 송하인으로부터 위탁받은 운송의 업무를 자기 스스로 하지 않고 다양한 이행보조자를 사용한다. 선장이나 도선사와 같이 자신이 직접 선임, 관리 감독하는 사람이 있는가 하면, 위임계약을

97) 개정전 상법 제739조 "선박소유자의 과실 혹은 선원 기타 사용인의 악의 중과실에 의한 책임에 관한 면책특약은 무효로 한다"는 취지이다.

98) 松井 外 1人, 前揭書, 98면.

99) 國際海上物品運送法에서는 항해과실면책이 가능함에도 내항이 적용되는 일본 상법 해상편의 규정에는 이것이 불가능한 것은 형평에 맞지 않기 때문에 개정을 하게 되었다. 松井 外 1人, 前揭書, 98면.

100) 그렇지만, 제739조의 규정이 선원의 경과실로 인한 사고로 인한 경우에도 화주에 대한 운송인의 책임을 무효로 하는 것은 아니므로 반드시 항해과실면책이 지금까지 무효로 되었다고 할 수는 없을 것으로 보인다.

101) 일본에서는 상법상 항해과실면책 약정의 체결이 인정된다고 하더라도 화주가 우월적 지위에 있기 때문에 실제로 약정이 체결되기는 어려울 것으로 보는 견해가 있다.

102) 특별한 규정을 두지 않으면, 항해과실면책을 폐지했음에도 불구하고 운송인에게 유리하고 화주에게 불리한 결과가 되므로 항해과실면책 약정이 무효가 될 수 있기 때문이다.

체결하여 자신은 전혀 관리감독하지 않는 사람도 있다. 전자를 피용자, 후자를 독립계약자라고 한다.[103]

그런데, 이러한 이행보조자들이 하역작업 등 운송인의 의무의 일부를 이행하다가 사고시 불법행위책임을 부담하게 된다. 이 때 화주는 운송인에게도 채무불이행에 대한 손해배상의 추궁이 가능하다. 운송인은 포장당 책임제한의 이익을 향유한다. 그런데, 이행보조자들이 불법행위책임을 추궁당할 때 이들도 포장당 책임제한의 이익을 향유할 수 있는지가 문제된다. 우리 상법은 피용자의 경우에는 운송인이 누리는 책임제한 등의 이익을 향유할 수 있도록 문호를 개방했다(상법 제798조 제2항). 이는 대리인과 피용자만 가능하도록 되어있고 독립계약자는 제외한다는 헤이그 비스비 규칙을 도입한 것이다(제3조 제2항).[104] 독립계약자는 송하인과 운송인 사이의 약정으로 운송인이 누리는 포장당 책임제한 등의 이익을 누리고 있다. 이런 약정을 히말라야조항이라고 한다. 선하증권에 명문의 규정이 없으면 하역회사 등은 운송인이 누리던 책임제한 등의 이익을 누릴 수 없다.[105][106]

일본은 그동안 상법에 이러한 히말라야조항을 모르고 있었다.[107] 그렇지만, 일본 COGSA에는 헤이그 비스비규칙을 도입하여 이미 그런 규정을 두고 있었다(제20조의2 제2항).[108] 따라서 육상운송과 해상운송에서 내항운송의 경우 히말라야 보호를 법률상 이행보조자들이

103) 김인현, 전게서, 159면.
104) 판례는 제798조의 운송인의 항변을 할 수 없다고 한다(대법원 2004.2.13.선고 2001다75318판결).
105) 김인현, 전게서, 165면.
106) 선하증권의 약정의 효력으로는 독립계약자는 운송인의 포장당 책임제한 등의 이익을 누릴 수 있다(대법원 2007.4.27.선고 2007다4943판결).
107) 1898년에 일본 상법이 제정될 당시에는 이런 사항들이 실무에는 없었기 때문이다.
108) 松井 外 1人, 前揭書, 45면.

받지 못하고는 다만, 약정으로 불안한 보호를 받았다. 일본은 상법 제2편 상행위 제8장에 제588조를 신설하여 운송인의 책임이 감면되는 경우 운송인의 피용자가 불법행위 책임을 송하인 등에게 부담하는 경우에도 적용된다고 규정하였다. 다만, 독립계약자는 이 범위에 추가되지 못했다.[109] 이 규정은 상법 제2편 상행위 제8장의 운송 규정에 포함되었기 때문에 육상운송과 해상운송, 항공운송 모두에 적용된다. 이 점에서 우리 상법과 다르다.[110]

XI. 정기용선계약

해상기업은 선박을 이용하여 상행위를 하는 자를 말한다. 선박을 보유하는 방법으로는 직접 소유하는 것도 있지만, 선박소유자로부터 선박을 빌리는 방법도 있다. 이를 용선이라고 하는데, 정기용선도 아주 큰 몫을 차지한다. 정기용선계약은 선박소유자가 자신의 선원을 갖춘 상태로 선박을 용선자에게 빌려주고 용선자는 그에 대한 댓가로 용선료를 지급하는 것이다(상법 제842조).[111]

일본 상법 해상편은 1899년에 작성된 것이고 그 후 개정이 없었기 때문에 그 후에 해운산업에서 자생적으로 탄생한 정기용선계약을 담지 못하고 있었다. 대외적인 책임관계에 대하여 학설과 판례로서 규율해 왔다.

개정 상법은 몇 개의 규정을 두게 되었다.

첫째, 정기용선에 대한 정의규정을 두었다(제704조). 정의규정을 상법 제3편 해상 제3장 해상물품운송에 관한 특칙(개품운송과 항해용

109) 松井 外 1人, 前揭書, 45면.
110) 다만, 독립계약자에게는 운송인이 누리는 이익을 적용하지 못하는 점에서 로테르담 규칙의 입장을 따라가지 못하고 있다.
111) 자세한 내용은 김인현, 전게서, 189면 이하를 참고 바람. 정기용선과 관련하여서는 제3자에 대한 책임을 선박소유자 혹은 정기용선자 중에서 누가 부담할 것인지가 크게 다투어져왔다.

선이 포함됨)에 둔 것이 아니라, 제2장 선박(나용선, 정기용선이 포함됨)에 두었다.

둘째, 용선자의 선장에 대한 지시권 조항을 신설했다. 용선자는 선박소유자로부터 선박을 용선하여 자신의 영업에 사용하여야 하는데, 선장은 선박소유자가 선임·관리·감독한다. 선박의 영업에는 선장의 행위가 필요하므로 용선계약서에는 소위 사용약관(employment clause)이 있는데, 선장은 용선자의 운항과 관련한 지시를 따라야 한다. 이번 개정에서 이를 법률의 규정으로 했다(상법 제705조).[112][113]

셋째, 비용부담에 대한 규정을 두었다. 정기용선의 운용은 선박의 해기상의 운항과 경영상의 영업 두가지로 나누어 볼 수 있다. 전자는 선장이 선박의 항해를 하는 것이고 후자는 용선자가 화물을 실어나르면서 영업을 하는 것이다. 정기용선계약에 의하면 전자는 선박소유자가 후자는 정기용선자가 부담하는 것이다(NYPE 제8조). 선원의 급료 등은 선박소유자가 부담하고, 선박연료유, 도선사비용, 입항료 등은 정기용선자가 부담하게 된다고 규정했다(상법 제706조).

넷째, 대외적인 책임관계에 대하여 일부 규정을 두었다. 특히, 정기용선된 선박에 대하여도 선박우선특권이 적용된다는 점을 분명히 하였다(상법 제707조, 703조 제2항의 준용).

학설은 정기용선의 법적 성질이 선박임대차(일본 상법 제703조 제1항)와 유사하다고 보는 것이 다수설이고 일본 법원의 입장이다. 이에 대하여 선박임대차에 관한 규정을 두는 것을 고려하였지만, 정기용선의 대외적인 책임문제는 다양하게 발생하므로 이를 특별히 법정하기보다는 학설과 판례에 일임하기로 하였다.[114][115]

---

112) 松井 外 1人, 前掲書, 77면.

113) 상법 제705조 "정기용선자는 선장에 대하여 항로의 결정 기타 선박의 이용에 관하여 필요한 사항을 지시하는 것이 가능하다. 다만, 발항전의 검사 기타 항해의 안전에 관한 사항에 대하여는 그러하지 아니하다."

114) 정기용선자가 선원의 과실에 대하어 사용자 책임을 지는지가 문제가 되어

우리 상법은 1997년 상법 개정시에 정기용선에 대한 규정을 두었기 때문에 일본이 이를 참조하여 자신들의 상법에도 추가하는 형식이 되었다. 우리 상법의 정기용선규정과 유사하지만, (i) 정기용선된 선박에 대하여도 선박우선특권이 인정된다고 명문화한 점 (ii) 정기용선자가 부담하는 비용을 명문화한 점은 우리와 다르다.

XII. 운송증권

상법 해상편의 적용대상인 해상운송은 격지간의 운송물에 대한 이동이기 때문에 수령자가 편리하게 운송물을 인도받아야 하고, 운송인도 정당한 인도자인지가 확인되어야 책임을 부담하지 않게 된다. 이러한 목적으로 운송증권이 개발 사용되고 있다. 선하증권이 대표적이다. 선하증권은 지시증권성, 물권적 효력, 채권적 효력, 상환성과 같은 성질을 갖도록 효력이 법정되어 있다. 상환성을 없앤 해상화물운송장(seaway bill) 및 복합운송선하증권 등도 나타나게 되었다.

1. 선하증권

일본은 상법 제2편 상행위 제8장 운송영업편에 화물상환증에 관한 지시증권성(제574조), 상환성(제584조), 채권적 효력(제572조), 물권적 효력(제575조) 등을 규정하고, 이를 상법 해상편의 선하증권규정에 준용하고 있었다(제776조). 일본은 선하증권의 일부규정

다루어진다. 통상은 정기용선된 선박의 선원은 선박소유자 혹은 선체용선자가 선임관리감독하므로 정기용선자가 특별히 책임을 질 이유는 없다. 그렇지만, 연돌에도 정기용선자의 사명이 적혀있고, 특별히 정기용선자가 선장에 대한 지휘감독권을 가지는 경우에는 상법 제703조 제1항을 유추적용하여 상법 제690조의 사용자 책임을 정기용선자가 부담한다는 일본 대법원의 판결이 있다. 箱井, 前揭書, 52면.

115) 箱井, 前揭書, 51면.

은 COGSA에 두고 있었다.

이번 개정작업에서 상법 해상편 선하증권 규정에 선하증권관련 사항을 모아서 규정하게 되었다. 지시증권성(제762조), 채권적 효력(제760조), 물권적 효력(제763조), 상환성(제764조), 등이다. 제760조를 개정하면서 "운송인은 선하증권의 기재가 사실과 다른 점을 들어 선의의 소지인에게 대항할 수 없다"고 정하고 있다. 이는 COGSA 제9조를 그대로 이동시킨 것이다. 대신 COGSA의 내용은 삭제했다. 운송인과 선의로 선하증권을 취득한 자 사이의 효력과 동일하다. 운송인은 선의의 제3 취득자에 대하여는 기재에 대하여 대항할 수 없는 효력을 선하증권이 가진다. 우리 상법은 운송인과 송하인 사이의 효력은 추정적 효력만 부여하는데, 이보다 더 높은 효력을 인정하고 있다.

우리나라는 단일된 상법에서 모두 규율했기 때문에 운송증권에 대한 규율이 단순하다. 다만, 화물상환증의 규정을 상법 상행위편 제9장에 두고, 물권적 효력, 상환성 등 효력을 해상편에서 준용하는 형식을 취하고 있다. 일본은 이를 통일하여 제2편 상행위의 규정은 삭제하고 모두 상법 제3편 해상에 가져온 점이 우리와 달라지게 된 점이다.[116)]

2. 해상화물운송장과 복합운송증권

일본의 COGSA도 헤이그 비스비규칙을 도입한 것이기 때문에 선하증권의 사용을 전제로 했다. 그러므로 해상화물 운송장이나 복합운송증권에 대한 규정은 당연히 존재하지 않았다. 이번 일본의 상법 개정에서는 복합운송증권(제769조)과 해상화물운송장(제770조)를 신

116) 우리나라도 이와 같이 할 것인가? 우리나라는 북한과의 통일을 염두에 둔다면 화물상환증의 사용이 현실화될 여지도 있기 때문에 이를 삭제할 이유가 없다고 본다면 현재와 같이 이원화 구조를 가지는 것도 좋다고 본다.

설하게 되었다. 복합운송인의 손해배상책임은 상법 제2편 상행위에서 통일적으로 정했지만(제578조), 증권에 대하여는 운송편에서 정하고 있다. 제769조 제2항에서 선하증권의 채권적 효력(제760조), 물권적 효력(제763조), 상환성(제763조) 등에 대한 규정을 모두 준용하고 있다.

해상화물운송장은 유가증권이 아니기 때문에 선하증권과 관련된 효력을 준용하지 않았다. 우리나라는 운송인과 송하인 사이에는 기재에 대하여 추정적 효력을 부여했지만(제864조 제1항),[117] 일본은 그렇지 않다.

복합운송선하증권에 대하여 입법적인 근거를 둔 점도 우리와 다르다. 우리나라는 아직 이에 대한 입법적 근거를 두지 않고 있다. 일본과 같이 간단하게 준용하면서 선하증권이 가지는 모든 효력을 부여하면 다툼의 여지가 없어져서 좋을 것으로 본다.

XIII. 선박충돌

상법상 선박충돌에 해당하게 되면, 가해자는 책임제한을 할 수 있고, 물적 손해에 대하여 연대책임이 아니라 분할 책임을 진다. 그리고 단기의 소멸시효의 적용을 받게 되어 민법이 적용되는 선박충돌보다 유리해진다.[118] 그러므로, 상법이 적용되는 선박충돌인지 아니면 민법이 적용되는 선박충돌인지가 중요하다.[119]

일본은 1910년 국제충돌조약의 가입국이기 때문에,[120] 외국선박

117) 자세한 내용은 김인현, 전게서, 361면이 있다.

118) 충주호에서 발생한 선박충돌에는 민법이 적용되므로 책임제한이라는 제도가 없으므로 가해자는 피해자의 손해전액을 지급해야한다.

119) 김인현, 「선박충돌법」(법문사, 2014), 4-7면. 상법상 선박충돌이 되면 물적 손해에 대한 분할책임, 단기소멸시효, 선박소유자책임제한, 직접청구권의 행사등이 가능하다. 민법에 의한 선박충돌이 되면 이와 같은 이익은 누릴 수가 없다.

과의 충돌에는 조약이 적용되고 국내선끼리의 선박충돌이나 일방이 비체약국인 경우에는 일본 상법이 적용된다.[121] 이는 국제조약에 가입하지 않은 우리나라와 다른 점이다.

일본은 선박충돌사고에 대하여 물적 손해에 대하여 분할책임이 아니라 연대책임을 인정하는 국가였다. 상법에 이에 대한 특별한 규정을 두지 않았기 때문에 민법의 공동불법행위법이 적용되었었다(일본 민법 제719조).[122] 그러므로, 갑(화주 A)과 을(화주 B) 선박의 충돌에서, 50:50의 과실비율로 인한 사고로 A 화주가 손해 1억을 입은 경우에도 A는 갑에게 1억을 을에게 1억을 모두 청구할 수 있다. 갑은 지급하지 않았어야 할 책임 5천만원(5천만원은 항해과실면책)을 추가로 부담하는 것이 된다.[123] 그런데, 일본은 이번 상법개정에서 1910년 충돌조약을 받아들여 연대책임에서 분할책임주의를 채택하게 되었다(상법 788조). 따라서 더 이상 이런 일은 발생하지 않는다. 인적 손해에 대하여는 별도로 규정하지 않았기 때문에 여전히 민법의 연대책임이 적용된다고 해석된다.[124][125]

개정전은 선박사이의 충돌만 상법상의 충돌로 인정되었다. 그런

---

120) 우리나라는 체약국이 아니다.

121) 松井 外 1人, 前揭書, 132면.

122) 箱井, 前揭書, 51면.

123) 일본은 항해과실면책을 두고 있기 때문에 적재선박의 운송인은 적재화주에 대하여 항해과실면책을 주장하여 전혀 책임을 지지 않을 수 있다. 선주 갑(화주 A)과 선주 을(화주 B) 선박의 충돌에서, 50:50의 과실비율로 인한 사고로 A 화주만 손해 1억을 입은 경우, A는 갑에게 5천만원을 을에게 5,000만원을 청구할 수 있다. 그런데, 항해과실면책제도가 법률상 인정되기 때문에 A화주는 선주 갑으로부터는 전혀 배상을 받지 못하고, 선주 을로부터만 5000만원을 배상받을 수 있다. 실제로 A화주는 나머지 손해 5,000만원은 자신의 적하보험자로부터 보험금으로 수령하게 된다.

124) 일본은 사용자 책임을 민법에 근거하는 것이 아니라 상법해상편에 두고 있다는 점이 우리나라와 크게 다르다.

125) 도선사가 승선중의 충돌사고시 그가 강제도선사인 경우에도 사용자 책임을 부과하는 규정을 독일은 가지지만, 우리나라와 일본은 도선사라고만 표현하고 있지만 동일하게 해석이 가능하다.

데, 1910년 선박충돌조약 제13조의 입장을 받아들여 간접충돌도 충돌로 확대했다.[126] 선박 옆을 지나가는 선박의 물결에 의하여 선박 내에 있던 것이 손해를 입어도 선박충돌로 인한 손해로 인정된다(상법 제790조).[127]

소멸시효에도 변화가 일어났다. 1910년 조약 제7조 제1항의 입장을 받아들여 재산상의 손해에 대하여는 시효가 1년에서 2년으로 늘어났다(상법 789조). 이에 반하여 인명사상에 대한 손해는 규정을 두지 않았기 때문에, 조약의 2년 입장을 따르지 않고, 민법의 일반규정을 따르게 된다.[128] 그래서 5년이다(개정 민법 제724조의2).[129] 이 점은 우리나라와 크게 달라지는 점이다.

일본의 상법 제3편 선박충돌규정에서 일본이 조약의 규정을 대부분 수용함으로써 우리나라와 유사하게 되었다. 다만, 인적손해에 대한 소멸시효기간이 우리나라보다 길게 5년으로 된 점은 다르다. 일본 선박충돌법의 해석과 적용에 있어서는 일본이 1910년 선박충돌조약의 체약국임을 참고해야 한다.

XIV. 결 론

일본 해상법은 2019년 개정상법에서 현대화되었다. 우리 해상법은 2007년에 개정된 것이므로 일본의 해상법이 더 현대화된 것이 되었다. 우리 해상법도 2007년에 개정이 되었기 때문에 이제 새로운 개정이 필요하므로, 일본의 해상법개정내용을 충분히 반영할 필요가 있다고 하겠다.

---

126) 우리 상법도 2007년 개정작업시 간접충돌도 선박충돌의 범위에 넣게 되었다(상법 제876조 제2항). 자세한 내용은 김인현, 전게서, 401면을 참고바람. 箱井, 前揭書, 201면.

127) 중국 해상법 제170조도 이와 같다.

128) 松井 外 1人, 前揭書, 136면.

129) 손해 및 가해자를 안 날로부터 기산된다.

첫째, 육상운송과 해상운송에 차이를 두지 않은 점이다. 운송인의 주의의무, 제척기간 등을 해상운송과 동일하게 했다. 둘째, 정액배상주의, 고가물의 책임, 소멸시효는 모두 불법행위에도 적용되게 되었다. 셋째, 선장의 대리권이 축소되었다. 선적항내에서는 법정된 선장의 대리권이 삭제되었다. 넷째, 정기용선에 대한 규정을 두게 되었다. 선박우선특권이 정기용선된 선박에도 가능하게 했다. 다섯째, 선박우선특권을 발생시키는 채권을 변경하게 되었다. 여섯째, 선박충돌법상 소멸시효를 물적 손해는 2년으로, 인적 손해는 5년으로 연장하였다.

(〈한국해법학회지〉 제42권 제1호, 2020년 5월)

[부록 3]

일본 이마바리(今治) 방문 보고

이마바리는 해운에 종사하는 사람에게는 로망처럼 들리는 지명이 되었다. 시코쿠(四國)에 있는 작은 도시인데, 여기에 해운선사, 조선소 등이 해사클러스트를 이루고 있다고 한다. 이마바리에는 선박을 소유만 하고 운항은 하지 않는 소위 선주사(owner)들이 엄청 많다는 점이 한진해운 사태 이후 부각되면서 유명해졌다. 그래서 나도 여기를 꼭 방문하고 싶었다.

일본에서 어떻게 하면 이마바리 선주 관계자를 만날 수 있을까 고민 중이었는데, 드디어 기회를 잡았다. 빌헬름사(社)에서 주최하는 행사에 초대되어 선상 칵테일 파티에 올라갔다. 여기에서 쇼에이(正榮)기선의 담당자를 만나게 된 것이다. 쇼에이 기선은 이마바리 조선소가 소유하는 선주사이다. 우리나라는 이런 류의 영업은 없는데, 특이했다. 그래서 연구하던 선주사에 대한 질문을 몇 가지 하게 되어 정보를 얻게 되었다. 이를 바탕으로 "일본의 선주사와 운항사의 구별제도"에 대하여 우리나라 BBCHP와의 관계를 논문형식으로 적었다. 이 논문을 적는 동안 몇 가지 연구가 추가되어 더욱더 이마바리에 가고 싶다는 욕구가 올라왔다. 왜 실질선주는 선박을 소유하지 않고 정기용선을 장기로 주는 것에 만족하는가?

2020년 2월이 되자 나는 좀 초조해졌다. 이마바리에 다녀와야 할 터인데, 좋은 계기가 마련되지 않았다. 그래서 제6차 ABL 세미나에 참석을 권하던 중에 지인인 다나카(田中) 요스케 변호사를 만났고, 그가 이마바리에 사무소를 가지고 있다는 사실을 알게 되었다. 마침 자신이 소송에 사용할 책을 한국에서 가져와야 하는데 내가 그 일을 하게 되었다. 책을 가져다줄 겸 그의 동경 사무실에서 그와 만났다. 식사 중에 내가 이마바리를 귀국 전에 꼭 가고 싶다고 했더니 자신이 수배를 해보겠다고 한다. 3개 대형 선주사(正榮汽船-250척, 日鮮海運-200척, 洞雲汽船-150척)가 있는데, 도운(洞雲)기센에는 한국인 감독들이 있어서 더 편할 것이라고 했다. 며칠 뒤에 그로부터 2020년 2월 13일에 방문하자는 연락이 왔다. 1박 2일을 하는 일정이었다.

1. 이마바리까지 가기

하네다에서 비행기를 타고 먼저 마쓰야마(松山)로 갔다. 나는 50만 원 정도 왕복으로 비행기 표를 구입했다. 너무 비싼 것 같아 다나카 변호사에게 말하니 통상 그 정도 한다고 말한다. 우리는 마쓰야마공항에 내려서 택시를 타고 마쓰야마역으로 갔다. 역에서 조금 기다려서 이마바리로 가는 기차를 타게 되었다.

40분 정도가 걸리는 기찻길은 아기자기했다. 기차가 혼슈로 올라갔다가 다시 시코쿠로 나오는 것 같았다. 일본의 내해의 풍경을 지났다. 이렇게 긴 내해를 가지고 있으니 일본이야말로 해양을 무대로 살아간다고 보아야 하고 그래서 해양이 우리나라보다 더 중요할 것이라는 생각을 했다.

2. 이마바리 조선소

이마바리에 도착하여 다나카 변호사의 사무실에 잠깐 들렀다. 사무실이 수수했다. 다나카 변호사가 자신의 차로 이마바리 조선소로 먼저 같이 가자고 한다. 그 유명한 이마바리 조선소에 갔다. 가는 길에 어느 빌딩에는 어떤 해운 관련 선주가 들어있다는 등의 설명을 해준다.

천혜의 요지에 조선소가 들어서 있다. 4개의 조선소가 같이 붙어 있다고 하면서, 독립된 조선소의 이름을 가르쳐준다. (i) 이마바리, (ii) 히가키, (iii) 야마모토, (iv) 아사가와라고 한다. 여기의 지명이 하시(波止)하마라고 한다.

안내판에 보니, 해적의 그림이 나오자, 다나카 변호사는 최근 「무라카미(村上) 해적의 딸」이라는 소설이 나와서 인기가 있다고 한다. 이 근처는 옛날 옛적 해적이 살았던 곳이라고 한다.

잠깐 일본 조선소의 현황을 이야기해 주었다. 일본에서 현재 이마바리 조선소가 최대조선소가 되었고, 얼마 전에 IHI와 기타 조선소가 합병하여 JMU가 되었다고 한다. 최근 다시 이마바리조선소와 JMU의 합병의 이야기가 나오고 있다고 한다. 이 두 회사 외에 미쓰비시, 가와사키, 미쓰이도 여전히 건재하다고 한다. 이마바리 조선소는 작년에 매출을 약 9조 원을 올렸다.

3. 도운기센 사장님과 대화

허름한 일반 사무실에 지나지 않는 것 같았다. 여기가 도운기센이라는 것이다. 이마바리에서 3번째로 큰 선주사라고 했다. 그런데 건물은 수수한 1층짜리 건물이다. 입구도 그냥 소박하다. 신발을 벗고 바로 앞에 있는 사장실에 들어갔다. 정문을 여니까 바로 사무실 문이 나왔다. 접견장에 들어가니, 선박사진이 수십 개가 벽에 걸려

도운기센 겐지 사장과 다나카 변호사(서 있는 이)

있다. 150척째 선박진수를 축하하는 큰 사진이 있었다. 한진해운이라는 마크를 단 선박이 한 척 벽에 걸려 있었다. 평범하게 생긴 사장(겐지 오코우치)이 앉아있는데 방이 온통 선박사진으로 도배가 되어 있다. 150번째 선박을 인도받고 찍은 사진이라고 하면서 사장은 자랑했다.

내가 선장이라는 명함을 내밀고, 산코 기센의 선장이었다고 하자, 사장은 환하게 웃는다. 뱃사람끼리이니 서로 눈빛으로만 보아도 통하는 것이 있다. 자신의 아버지가 선원이었다고. 한푼 두푼 모아서 배를 사게 되었다고 한다. 어머니가 아버지에 대하여 "당신은 가족보다도 선박을 사 모으는 데 돈을 더 쓰는 사람"이라고 핀잔을 줄 정도라고 한다.

사장이 말문을 열었다. 다나카 변호사가 통역을 해주는 식으로 진행되었다. 그에 의하면 에히메현에는 3가지 종류의 선주들이 있다고 한다. 첫째, 마쓰야마 즉, 남부에 있는 선주들인데 이들은 특수선을 많이 가지고 있다. 둘째, 나미가다-하시하마에 위치하는 선주들인데 이들은 대형선을 선호한다. 셋째, 하카타섬에 위치하는 데, 이들은 신조선을 선호한다. 에히메현에만 200명의 선주가 있다. 100명은 내항해운 선주이고 다른 100명은 외항선 선주이다. 자신이 젊었을 때는 120명 정도 있었다고 한다. 모두 개인회사이고 상장하지 않았다. 이마바리 선주의 선박은 850척에서 1,000척이 된다. 쇼에이, 니센, 도운 3사가 각 150척씩 약 450척을 가진다고 말했는데 정확한 숫자는 말하지 않는 경향이 있다고 한다. 선주사들이 소유하고 있는 1,000여 척 중 반 이상은 이마바리 선주들이 가진 것은 확실한 것 같다.

이마바리의 많은 선주들은 아버지, 할아버지가 선원이었다고 한다. 선원을 하면서 돈을 조금씩 모아서 처음에는 내항을 하다가 외항으로 나왔다. 엄마들이 아이들에게 용돈을 주지 않고 배를 사는데 돈을 모았다고도 했다.

오일 쇼크가 왔을 때 이마바리 선주들은 3가지 중에서 하나의 결정을 해야 했다. 그 중에서 "한국 선원들을 사용하기로 했다. 한국 선박관리회사들과 우리는 협력관계에 있다"고 사장은 말했다. 아들은 캐나다에서 공부를 시켰다. 대화 중에 한국 출신 감독인 손감독과 현감독이 들어와서 경청했다.

150여 척 중 1/2 정도는 전문선박관리회사에 맡기고 자신들은 나머지 1/2에 대한 선박관리업을 하고 있다고 한다. 그러니까, 단순히 선박대여업만 하는 것이 아니라 선박대여업 + 선박관리업을 하는 것이 일본 선주사들의 진면목이다.

4. 선박금융의 한일 간 차이

나는 단도직입적으로 한국과 다른 일본의 선박금융제도에 관하여 물어보았다. 그는 단호하게 말했다. "한국 선주들이 그렇게 해서는 영업하여 성공하기 어렵다. … 우리의 경우는 자부담 30%에 이요

은행 등에서 빌리는 자금이 70%이다. 그런데, 한국은 이자율도 높은 것으로 아는데, 90%를 대출한다면 그렇게 해서는 원금과 이자 상환하느라 너무 힘들어서 견디지 못한다".

일본 선주사들은 워낙 튼튼하니 K-Line, NYK 등에서 선박을 건조해서 장기간으로 빌려달라는 부탁을 이들 선주가 받게 된다. 그러면 바로 지척에 있는 이요(伊予)은행에 가서 선박금융을 일으킨다. 바로 옆 동네에 있는 이마바리 조선소에서 건조를 시작한다. 선박등록은 옆 건물에 들어있는 파나마 등록처에 등록하고 일본 선급에 선박을 가입시킨다. 보험도 옆 건물에 들어 있는 일본동경해상일동화재, Japan P&I에 가입하게 된다.

정기선사들도 워낙 튼튼하고 신용도가 높다 보니, 이들이 제공하는 용선료가 대출금에 대한 담보로서 큰 역할을 한다. 이것이 선주사가 빌리는 대출금의 이자를 끌어내리는 긍정적인 기능을 한다. 일본은 원래부터 이자율이 낮다. 그러다 보니 전체 선박금융 대출이자는 2% 내외라고 한다.

우리나라는 선주사 운항사 구별구조가 아니다. 운항하는 사람들이 곧 선주이고 선주가 운항사가 된다. 운항사는 선박을 국취부선체용선(BBCHP) 형태로 보유하게 된다. 은행에 가서 선박건조를 위한 금융을 일으키는데, 일본과 같이 튼튼한 운항사로부터 용선료가 확실하게 수령되어 원리금을 상환한다고 말하지 못한다. 결국 자신의 선박을 담보로 하던가, 자신이 보증을 서는 수밖에 없다. 선박 자체가 담보되는 선순위 금융이 있고, 차액에 대하여는 선박으로 담보되지 못하여 각종 보강수단이 필요하고, 그로 인하여 이자율이 높아진다. 이렇게 하면 6%에서 7% 정도의 은행 대출이자율이 나온다. 선박을 소유할 목적으로 선박금융을 일으킨 것이기 때문에 매월 갚아야 할 원리금 상환액도 대단히 높다. 사용대가인 용선료가 아니고 선박의 가액을 기준으로 하기 때문이다. 불경기가 닥치면 원리금 상환에 운항사는 도산에 이르고 말 것이다.

일본의 정기선사는 1/3은 자신이 보유하고, 1/3은 일반 정기용선을 하고 1/3은 선주사로부터 장기정기용선을 한 경우이므로 우리나라보다 불경기를 쉽게 이겨낼 수 있다. 이를 도운해운의 사장이 지적하는 것이다. 얼마나 맞는 말인지.

5. 이마바리 시청건물 등

나는 다나카 변호사의 비서와 같이 걸어서 저녁 식사 약속 장소인 복어 식당으로 갔다. 가는 길에 이마바리 시청을 지나갔는데, 시청에는 "세계 최고의 해사클러스트 이마바리"라는 광고판이 걸려 있었다. 비서의 말로는 시청건물을 겐지라는 유명한 건축가가 설계했다고 한다. 시청 앞의 선박의 스크류 조형물도 이마바리 조선소에서 지어주었다는데, 이마바리가 조선의 도시임을 잘 알려주는 상징물이다.

6. 저녁 식사

저녁 식사자리에 사장 아드님 요스케, 손감독, 현감독 그리고 나와 다나카의 비서가 나왔다. 복요리 집이었다.

요스케가 말문을 열었다. 캐나다에서 공부해서 영어를 잘했다. 캐나다에서 공부한 이야기를 했다. 집안이 4대째 선주업을 하고 있고 자신은 4대라고 한다.

이마바리 시청 앞의 스크류 조형물

최근 중국 코로나 사태에 대하여 걱정하는 이야기를 많이 했다. 선원들 교대가 가장 큰 걱정이라고 한다.

선주들이 파티를 열어주는 장면을 설명했다. 5월 4번째 주 토요일에 일본 이마바리 선주들이 전 세계의 운항사나 조선소 등 관련자를 상대로 오픈 하우스를 한다는 것이다. 길을 가다가 어느 집이든 들어가면 선주집이고 각종 술을 내어놓고 외국인 등을 접대한다는 것이다. 낮 12시부터 밤 12시까지 술판이 벌어진다고. 다나카 변호사가 이마바리시를 오가면서 이야기하던 내용이다. 자신도 몇 번 왔었는데, 재미있었다고 나보고 오겠느냐고 했다. 나는 흔쾌하게 방문하겠다고 약속했다. 이마바리 선주들의 집을 이집 저집 방문하는 것이 가능한 유일한 하루라는 것이다. 흥미로워서 나도 참석하기로 약속했다.

한국 출신 감독들은 여기가 다른 것은 좋은데 동경이나 부산에서 오기에 교통이 불편하고 적적한 곳이라는 점, 감독일을 맡아줄 후배들이 없다는 점이 아쉽다고 했다. 한국인 감독들과 아쉽게 헤어졌다. 이곳 방문일정 수배를 이들이 했으면 저녁 식사 후 술이라도 한 잔 하면서 더 많은 이야기를 들을 수 있었을 것인데, 하는 아쉬움이 남는다.

7. 호텔

이마바리 국제호텔은 이마바리 해사클러스트의 부속품처럼 이마바리 사람들이나 이마바리 선주나 조선소를 찾아오는 외지인들을 위한 목적으로 기능하는 것으로 보였다. 호텔 로비에는 이마바리 조선소에서 선박을 건조하는 사진들, 그리고 선박 모형선이 세척이나 배치되어 있었다. 공항으로 가는 버스가 수배 가능하였다. 조용한 곳이라서 잠을 잘 잤다.

8. 동경해상화재보험 방문

이마바리시 소재 동경해상화재빌딩 입구

아침에 일어나서 바쁘기는 해도 짧게라도 동경해상의 사무실에 방문하고 싶었다. 그래서 다나카 변호사에게 주선을 부탁했다. 내가 공항으로 가야 할 버스 출발시각이 9시 20분이다. 그래도 9시에 만나서 20분간이라도 이야기를 하고 싶었다. 8시 50분에 만나기로 했는데 5분 지나서 사람이 왔다. 그와 같이 동경해상의 사무실에 갔다. 8시 55분에서 9시 15분까지 20분간의 짧은 만남이었다.

마침 몇 년 전에 2008년 동아시아해상법포럼이 처음으로 와세다대학에서 열렸을 때 만난 직원이 여기에서 근무하고 있어서 쉽게 이야기가 되었다. 여기에서는 선박보험과 P&I보험을 같이 취급하고 있다고 한다.

동경해상 이마바리 지점에는 4팀이 있는데, Marine Claim Department에 10명, Marine Underwriting Department에 10명, Non-marine Claim Department에 20명 그리고 Non-marine Underwriting Department에 20명이 있다고 한다.

9. 외항상선

이마바리 선주들이 원양상선 1,000여 척의 선박을 소유한다. 이 중에서 40%인 400척이 동경해상의 선박보험에 가입한다. 일본의 3

대 손해보험사는 동경해상화재보험, 미쓰이스미토모, 그리고 손보가 있다. 나머지 60% 중에서 미쓰이에 30%, 손보에 30%를 가입시키고 있다. 선주상호보험(P&I)의 가입이 필요한데, 160척이 동경해상에 가입되어있고, Japan P&I가 가장 많은 선박을 가입시키고 있다. 나머지는 Britannia, Gard, UK, Steamship, North of England에 가입되어있다.

10. 내항선박

200척의 선박보험을 동경해상이 가입시키고 있다. 선주상호보험도 Japan P&I가 가장 많이 가입시키고 있고, 동경해상, 미쓰이 그리고 손보가 영업을 한다.

11. 기 타

이마바리 국제호텔 바로 옆 건물에 동경해상 이마바리 사무소가 있고 같은 건물에 마샬아일랜드 등록처가 있었다. 다나카 변호사가 들어 있는 건물에는 라이베리아 등록처도 들어 있었다. 변호사만 해도 히가시마치 변호사 사무실이 동경해상 사무소에 들어 있었고, 다나카 변호사도 이마바리에 사무실이 있으니, 그야말로 이마바리는 해사클러스트를 형성하고 있다. 선박을 해운 영업에 투입하여 경영하는 운항사는 사무실이 동경이나 고베에 있지만, 조선소, 선주, 은행, 시청, 등록사무소, 보험사, 변호사 사무실, 그리고 호텔이 모두 이마바리에 집중되어있다. 원스톱 서비스가 가능하게 되어있다.

이요은행이 이마바리 선주들을 위해 대출을 하는 은행으로 유명하다. 이요는 이마바리의 옛이름이라고 한다. 이요은행 말고도 에히메 은행이 선박금융을 한다고 한다. 이요은행은 유일하게 동경에 지점을 가지고 있다.

다나카 변호사의 말에 의하면 여비서의 일 중에 가장 많은 일은 건조 중인 선박을 등록하는 일이라고 한다.

12. 동경으로 돌아오는 길

마쓰야마공항에서 이곳의 특산품인 감귤을 이용한 각종 상품을 보았다. 다나카 변호사가 현재 일본에서 가장 인기가 있다고 말한 소설, 「무라카미 해적의 딸」이라는 책을 직접 보았다. 일본의 3대 재벌의 이야기와 관련된 책도 구입했다.

이마바리가 해사클러스트라고 하는 의미는 선주, 선박관리, 조선소. 해상보험, 변호사, 호텔 숙박업, 행정시청이 모두 갖추어져서 한꺼번에 취급할 수 있다는 의미이다. 우리나라도 과연 이마바리와 같은 해사클러스트가 가능할 것인가? 부산지역은 조선소와 선원, 한국선급, 선박금융 각종 해사관련 단체들이 있다. 가장 기초가 되는 선주사가 없다는 것이 큰 약점이다. 부산지역이 진정한 해사크러스크가 되려면 선주사를 육성하여 100여 척(우리 원양상선의 10%)을 소유

동경해상보험 이마바리 사무소 직원들과 함께

할 수 있다면 진정한 해사클러스트가 될 것 같다.

눈여겨본 것은 운항사와 법률 그리고 제대로 된 선박금융은 이마바리에 있는 것이 아니라 동경이나 오사카, 고베에 있다는 점이다. 이렇게 본다면 일본은 이마바리 해사클러스트와 동경 해사클러스트 두 개가 있다고 보는 것이 정확할 것이다. 운항사, 해운 관련 연구기관, 법률, 선원 양성은 이마바리에 있는 것이 아니라 동경에 있다. 일본이 굳이 모든 해사 관련되는 것을 이마바리에 두려고 하지 않는 것은 효율성 때문일 것이다. 운항사는 화주가 있는 동경에 있는 것이 영업에 도움이 될 것이고, 해운관련 연구기관도 이마바리에 있어서는 시너지를 낼 수 없을 것이다. 법률 분야도 마찬가지이다. 법률분쟁은 선박 운항을 중심으로 일어나니까 이들 주소지에 있는 것이 맞을 것이다. 이렇게 두 개의 큰 해사클러스트가 일본을 이끌고 있다는 사실은 우리나라의 해사클러스트 형성에도 큰 시사점이 된다. 효율이 있는 것끼리 경인지역과 부산지역으로 나누어 분산하는 것이 올바른 전략이 될 것이다.

1박 2일은 너무 짧은 기간이었다. 다음 5월에 선주 집들을 방문하는 기회를 통해 다시 한 번 가 볼 생각이다.

[부록 4]

싱가포르 해상법 교실

1. 들어가며

필자는 2012년 1월 18일부터 싱가포르 국립대학(National University of Singapore: NUS)에 펠로우(fellow: 교수 대우)로 와 있다.

교수들에게는 6년에 1년간 혹은 3년에 6개월간 안식할 수 있는 기회가 주어진다. 말하자면, 3년 혹은 6년간 강의하고 연구하느라고 지친 몸과 마음을 식히라는 것이다. 그리고 또 다가오는 3년과 6년에 대비하여 새로운 학문을 익히고 준비하라는 의미도 포함된다. 필자는 영국, 일본, 싱가포르를 두고 고민을 하게 됐다. 친구인 일본 동경대학교의 후지다(藤田) 교수에게 연락했지만, 학장이 허락은 하지만 법대건물이 수리 중이라 4월말까지 연구실을 줄 수 없다고 했다. 영국의 캠브리지 대학의 말콤 클락(Clark) 교수를 접촉하였으나 이미 은퇴하여 방문교수를 더 이상 받지 않는다는 답이 왔다. 그는 보험법과 운송법에 조예가 깊은 분이기 때문에 연구에 도움을 받을 수 있을 것 같았으나 이러한 답을 받고 보니 아쉬움이 컸다.

NUS가 후보지의 하나가 된 것은 거빈(Girvin) 교수의 존재이다. 나와 그는 이미 여러 번 만나서 해상법에 대한 열정을 공유하게 되었다. 그를 통하여 NUS가 해상법에 대한 다양한 강좌를 개설하여 동남아는 물론 유럽 등의 학생들을 유치하면서 해운무역관련 법률서비스의 중심지가 되고자 노력하고 있음을 잘 알고 있었다. 우리나라와 유사한 환경에 있으면서도 해상법이 중요하게 다루어지는 이 나라에서 많은 것을 배울 수 있을 것이라는 생각이 들었다. 필자가 법과대학 및 로스쿨에서 대륙법을 바탕으로 한 해상법과 해상운송법(영어강좌)을 개설하고 있지만 실무에는 영국법 대세를 이루고 있는 것이 우리나라의 현실이기 때문에 NUS에서 개설되는 영국법 중심의 다양한 해상법 강좌를 벤치마킹할 필요성을 느꼈다.

싱가포르의 물가가 엄청 비싸기 때문에 혼자 있어도 한달에 200만원은 든다고 하고 또 날씨가 너무 더워서 견디기 힘들다는 주위의 조언도 있었다. 지도 교수님께서는 해상법의 종주국이고 정통인 영국을 가야지 왜 변방인 싱가포르를 가느냐고 반대의 의사를 표시했다. 그러나 필자의 견해는 달랐다. 영국에는 이미 많은 사람이 다녀왔고 새로운 분야를 개척하여야 한다. 지리적으로도 인종적으로도 가까운 싱가포르에서 해상법을 공부하는 것이 미래의 해상법 학도들에게 도움이 될 것이라 생각이 들었다. 그리고 해기사 출신들이 현재 100여명 이상이 싱가포르에서 해운조선 관련 업무에 종사하고 있다면 이는 필경 무언가 좋은 점이 있기 때문이고 이것이 무엇인지 알고 싶은 충동이 많이 일었다. 이렇게 하여 나는 우리나라 역사상 처음으로 싱가포르에서의 해상법 공부를 하러 떠나는 프론티어가 되었다.

2. 펠로우와 방문교수 신청과 선정

2011년 9월 중순 드디어 방문교수를 신청하게 됐다. 2012년 학기가 1월 달에 시작하여 4월말에 종료되어 방문교수는 1월 중순부터 4월말까지 가게 된다. 9월 30일 새벽에 일어나보니 갑자기 NUS 법과대학의 아시아법연구소(ASLI)에서 Fellow 초청제도가 있다는 것이 생각났다. 그래서 홈페이지에 들어갔더니 그날이 마지막 서류 제출일이었다. 비록 기간은 1개월이지만 왕복 항공권, 아파트 제공, 연구실 제공, 연구비 제공 등 꽤 좋은 조건이 걸려 있었다. 부리나케 서류를 작성하여 보냈다. 10월 중순이 되자 운이 좋게 Fellow로 선정되었다는 연락이 왔다. 그리고 곧 방문교수도 결정되었다. 그러니까 2012년 1월 18일부터 2월 17일까지는 펠로우의 자격으로 그 다음부터 4월 28일까지는 방문교수(visiting professor)로 NUS 법과대학에서 연구도 하면서 해운·조선 산업을 둘러보고 또 쉴 수도 있게 되었다.

대학교수가 좋은 점이 여러 가지가 있지만 5년 혹은 6년마다 1년씩을 연구년 혹은 안식년으로 보낼 수 있는 것은 큰 혜택이다. 이러한 제도 중에 맹점도 있는 것이 학교를 이동하게 되면 처음부터 새로이 시작해야 하는 것이다. 필자는 목포해양대학 교수시절 2003년 8월부터 2004년 6월까지 미국 텍사스대학 오스틴에서 LLM 과정을 밟은 적이 있다. 그렇기 때문에 2009년 9월부터는 다시 1년간의 연구년을 가졌어야 하지만, 2007년 9월부터 부산대학으로 이동하고, 또 고려대학에 2009년 3월부터 근무하였기 때문에 그 사이에 있었던 근무기간에 대한 것은 모두 자격을 잃게 되었고 2009년 3월부터 계산이 시작된 것이다. 제도의 보완이 아쉽다.

3. 해상법 수업

소중한 기회를 얻은 것인데 밋밋하게 안식년을 보낼 수는 없었다. 연구하는 것은 나름의 계획이 있지만, 개설되는 수업을 들었으면 하는 생각이 간절했다. 앞으로 우리나라에서도 외국학생들을 받아들이기 위하여, 영어로 강좌가 운영되는 해상법전문 석사과정이 개설되어야만 한국 해상법이 세계 속에 우뚝 설 수 있기 때문에 한국의 해상법 교수로서 필자에게는 더욱 영어강좌가 간절하게 다가왔다. 연락을 했더니 정식으로 등록해야 한다고 한다. 얼마인가 물었더니 한 강좌에 90만원 정도 한다는 것이다. 교수한테 너무 한다 싶었다. 대상과목을 보니 5~6개 강좌가 된다. 그 중에서도 용선계약(Charter Parties)과 해상보험(Marine Insurance Law) 두 과목을 택하였다. 용선계약에 대하여 우리나라의 법과대학에서는 사실상 당사자와의 법률문제는 가르치지 않는다. 그런데 항해용선 및 정기용선계약을 둘러싼 선박소유자와 용선자 사이의 법률분쟁이 심심치 않게 발생한다. 용선계약의 준거법이 영국법이기 때문에 필자로서는 이번 수업은 부족한 부분에 대한 보완이 될 것이었다. 그리고 해상보험수업은 영국 해상보험법을 실무변호사를 통하여 들어보는 것도 많은 공부가 될 것 같았다.

4. 싱가포르에 대한 첫 인상

정교수로 재임용이 되었다는 기분좋은 통보를 받은 다음 1개월의 Fellow기간을 보내기 위해 2012년 1월 17일 비행기를 타고 숙소에 도착했다. 비서들이 나와서 오리엔테이션을 하여주었다. 동료교수가 세 명이 더 있다. 서울대학교의 조홍식 교수(공법), 말레이시아의 충 및 쥬 교수이다. 비서들은 클레멘티 역전에 가서 에어콘이 없는 식당, 슈퍼마켓 등을 가르켜 주고 간단히 저녁식사를 같이 했다. 굉장히 덥고 습도가 높다. 하필이면 가장 더운 3시경에 우리를 데리고 에어콘도 없는 곳에 가서 다녔다. 너무 더웠다. 큰일났다 싶었다.

NUS는 캠퍼스가 둘로 나뉘어 있다. 하나는 대규모의 켄트리지(Kent Ridge) 캠퍼스이고 하나는 부킷티마(Bukit Tima) 캠퍼스이다. 원래는 말레이시아대학 싱가포르 분교로서 현재 부킷티마 캠퍼스만이 있었다. 그러다가 학교가 팽창하면서 켄트리지에 새로운 건물을 지어서 모두 이사왔다가 다시 법과대학과 행정대학은 부킷티마로 이동하여 현재에 이르고 있다.

싱가포르국립대 법대 도서관입구에서

다음 날 부킷티마 캠퍼스로 가기 위하여 학교 버스인 BTC1을 탔다. 30분 정도 가니까 학교건물이 하나 나왔다. 영화에서 봄직한 낮은 지붕에 주황색 색깔의 지붕을 가진 페더럴(Federal) 빌딩은 고즈넉한 분위기를 연출하면서 사람을 편안하게 하였다. 4각형의 건물이 두 개가 붙어있는 형식이다. 여기가 아시아 최고의 명문이라는 NUS의 법과대학이다. 나중에 현지인의 말을 들어보니 우리나라에서는 NUS 경영대학이 최고로 알려져 있지만, 법과대학이 더 우수한 학생들이 선호하는 곳이라고 한다. 여기에서도 의대와 법대가 단연 최고의 학부라고 한다. 법대에 입학하는 학생들은 상위 1~2%에 속하는 학생들이라고 한다.

(〈월간 해양한국〉 2003년 3월호, 싱가포르 해상법 교실 I)

5. 해상법의 비중

싱가포르는 법대가 학부에 존재한다. 과거 우리나라와 같은 제도였다. 학부 4년 동안 법학을 공부한 뒤에 6개월간 변호사시험대비 연수교육을 받은 다음 변호사 시험을 보고 일정기간 변호사 연수를 하면 변호사 자격이 취득된다. 싱가포르국립대학만 법과대학(정원 200명)이 있었고 모두 우수한 학생들이기 때문에 100% 합격이라고 한다. 그런데 최근 정부는 법률수요가 늘어나서 SMU에도 변호사를 배출하기 위하여 180명 정원의 법학부를 열어주었다.

싱가포르는 한마디로 해상법을 대단히 장려하는 국가이고 학생들도 해상법을 좋아한다. 이것은 싱가포르의 지리적인 환경 때문이기도 하다. 해안가로 나가면 많은 선박이 정박하고 있는 것을 금방 알 수 있다. 싱가포르는 제조업이 부족한 나라로서 해운, 무역, 금융, 관광을 기반으로 하지 않을 수 없는 국가이다. 그러니 이들을 뒷받침하는 해상법이 중요하지 않을 수 없다. 이것은 변호사 시험과목에도 나타난다. 2011년 변호사시험 변경으로 두 과목을 선택하여야 하는데 해상법이 제2선택 과목 중에서 인기과목(2011년 485명의 변호사 수습생 중에서 100명이 해상법을 선택하여 수업을 들었다)으로 자리하고 있다.

싱가포르의 대형 로펌에서 해상분야가 유명한 곳으로는 라자탄(Rajah & Tann), 알렌 & 그랜드힐(Allen & Grendhill), 드류 & 나피에르(Drew & Napier), 웡파트너(Wong Partnership)가 있다(라자탄에만 해도 파트너가 11명이고 전체 30명이라고 하니 놀랄 일이다). 이외에도 영국로펌인 Clyde & Co가 들어와서 활동하고 있다. 싱가포르에는 해상변호사가 100여명 존재한다. 2심으로 진행되는바 1심법원인 High Court에 해사법원(2002년 2월 4일 가장 먼저 설치. 기타 지적재산권법원과 중재법원이 있다)이 만들어졌고, 4명의 판사가 있고 4명 모두가 해상법전문가라고 한다(라자탄의 파트너로서 우리나라에도 잘 알려진 스티븐 정 포함). 이번 학기에 개설된 해상법 5과목(용선계약, 해상보험, 해운의 국제적인 규제, 해사국제사법, 해상법)과 담당교수에 대하여 잠시 보자.

6. 용선계약

거빈(Grivin) 교수와 그렉슨(Gregson) 변호사가 강의하는 용선계약(charter party)이 있다. 거빈 교수가 전반부에 항해용선에 대하여 강의하였다. 그리고 후반부는 유명한 해사중재인이자 영국변호사인 그렉슨씨가 정기용선에 대하여 강의한다. 강의시간은 화요일 밤이다. 저녁 6시 30분부터 시작하여 9시 15분까지이다. 수강 학생은 약 30명이 된다.

거빈 교수 자신의 교재와 자신이 작성한 요약집이 강의 부교재이다. 항해용선계약의 당사자 사이의 문제를 집중적으로 다루었다. 체선료에 대하여 자세한 강의를 들을 수 있었다. 실무에서 많이 볼 수 있는 WIBON(Whether In Berth Or Not)과 같은 정박기간 관련 약정에 대한 체계적인 강의를 듣는 것은 유익한 것이었다. 항해용선계약에서는 Berth Charter인지 Port Charter인지 파악하는 것이 가장 중요하다는 설명이었다. Berth Charter는 선석에 선박이 접안하여야 선적기간이 개시되기 때문에 선박의 대기(waiting)의 위험을 선박소유자가 부담하게 되어 용선자에게 유리한 것이고, Port Charter는 항구에 입항하기만 하면 선박대기 등에 무관하게 선적기간이 개시되기 때문에 선박소유자에게 유리하다는 것이다.

2월말 1주일의 휴식기간을 가진 다음 정기용선계약 강의가 시작되었다. 그렉슨 변호사의 담당이었다. 기본적으로 NYPE를 중심으로 설명하였다. 첫 시간에는 그 유명한 2008년 영국귀족원의 Achilleas호 판결에 대한 설명을 하였다. 정기용선자는 반선을 6일 넘기게 되었다(over lap). 자신의 선박을 늦게 반선 받은 선주는 해약일에 늦게 되자 후속의 정기용선계약을 유지시키기 위하여 정기용선료를 일당 6,000달러 만큼 감액하여 주어 손해를 보았다. 선주가 정기용선자에게 청구할 수 있는 손해배상액은 얼마인가 하는 것이 이슈였다. 선주는 후속 용선계약 전체기간의 일당 6,000달러를 곱한 금액을 청구하였다. 이 판례는 특별손해를 결정하는 Hadley v. Baxendale의 적용문제였다. 제1손해와 제2손해가 있는데 제1손해는 통상의 손해만이 배상되고, 제2손해는 채무자가 채권자의 특별한 사정을 알지 않았다면, 특별한 손해는 청구할 수 없다는 것이 요지이다. 귀족원은 제2손해가 배상되는 상황이 아니고 제1손해만 배상하면 된다고 판시하였다.

다음 주 수업에서는 정기용선자의 용선료 지급의무에 대하여 강의하였다. 만약 용선료지급이 제때에 이루어지지 않은 경우라고 하더라도 시간요소는 계약의 본질적인 요소에 해당(condition)하지 않기 때문에 보통법상 선주는 용선계약을 해지할 수 없다. 용선료의 지급은 용선기간 동안 중단없이 지급되는 것이 원칙이고 별도의 규정이 없다면 보통법상 용선자는 용선료를 계속 지급하여야 한다. 따라서 용선료 지급 중단과 관련된 off-hire 조항이 NYPE에 필요하게 된다는 설명이었다. 선주의 과실은 묻지 않고 용선자가 off-hire 사항에 해당함을 입증하면 된다.

거빈 교수는 남아공 더반 태생이다. 영국의 버밍햄대학에서 교편을 잡았고 싱가포르국립대학에서는 초빙교수로 강의를 하다가 여기에 정착하게 되었다. 그는 현재 교무부원장으로서 상당한 영향력을 가지고 있다. 그의 Carriage of Goods by Sea는 옥스퍼드대학 출판사에서 발행되었다. 고려대학에서는 국제적인 명성이 있는 대학에서 출간되는 책에 대하여는 인센티브를 부여한다. 그 중에 옥스퍼드대학도 포함된다. 그가 대단한 학자임을 알 수 있다. 약 30만원 정도 하는 책을 5만원 정도 할인하여 학생들에게 제공할 정도의

용선계약론 수업 중인 싱가포르국립대 법대 거빈 교수

성의를 보이는 분이다.

그렉슨 변호사는 현재 싱가포르 중재원의 해사중재인으로 맹활약하고 있는 분이고 영국변호사이다. 그렉슨 변호사는 50대의 영국변호사들이 그렇듯이 런던대학의 UCL에서 해상법 LLM을 하였다. 그는 싱가포르 해상중재인으로서 The Arbitration Chamber(중재인 5명의 공동사무실)의 구성원이다. 키는 나직하지만 항상 만면에 웃음을 가득히 하고 강의한다. 항상 NYPE의 약정이 없다면 영국보통법의 입장은 무엇인가 하고 질문을 던지면서 수업을 시작한다.

7. 해상보험

다음으로 해상보험(marine insurance) 수업이 있다. 실무 변호사 두 사람이 강의한다. 토요일 오전 9시 30분에 시작하여 12시경에 수업이 종료된다. 수강생은 약 20명 정도이다. 학생 두 명이 주제를 받아서 PPT 자료를 만들어서 설명한다. 그리고 교수가 추가하는 형식이다 1906년 MIA와 실무에서 사용되는 보험증권의 약관과 영국 판례가 발표의 대상이다. 전반부와 후반부에 해상변호사들이 수업을 나누어서 진행하였다. 전반부는 리 키아트 셍(Lee Kiat Seng) 변호사가 담당하였다. 그는 싱가포르 출신인 수잔 호지(Suzan Hodge)의 해상보험법 저서를 추천하였다. 그리고 템플만의 해상보험도 참고 서적이다.

싱가포르의 해상보험법은 영국의 MIA를 그대로 사용하기로 하는 단행법이 1990년에 제정되었다. 그래서 영국 1906년 MIA가 수업의 중요한 자료가 되었다. 청구권 대위에 대한 그의 설명이 기억에 남는다. 손해보험은 보상보험이기 때문에 청구권대위가 일어나지 않는 상황이라면 손해보험이 아니라는 것이다. 다른 하나는 영국법상 청구권대위는 피보험자의 이름으로 하여야 하기 때문에 불편한 점이 많아서 양도를 받아서 한다는 것이다. 우리나라는 상법규정에 의하여 청구권대위가 일어나므로 보험자는 자신의 권리로서 청구가 가능하므로 보험자에게 유리하다고 할 수 있다. 담보특약(warranty)에 대하여 세계 도처에서 일어나고 있는 그 엄격성을 해소하는 입법적인 동향을 그가 소개하지 않은 점은 아쉬웠다.

후반부는 라자앤탄의 해상변호사인 춘린, 위스톤(Kwen Choon Lin, Winston) 변호사가 강의하였다. 현실전손과 추정전손의 차이점을 설명하였다. 해적과 관련하여 최근의 사례에서 "석방금을 주고 선박이나 화물을 찾아오는 것은 공서양속에 반하는 것"이라고 일부 판례나 제정법이 보고 있으므로 추정전손을 주장하는 자가 이를 원용하면, (즉, 해적당한 선박을 석방금을 주고 풀어낼 수도 없으니 아무런 조치를 취할 수 없어서 추정전손을 선언하게 되면) 어떻게 되는가 질문을 던졌다. 영국 판례와 싱가포르 법률을 통하여 알아보았다.

마지막 수업에서 공동해손, 해난구조 등을 본 다음, 담보특약관련 싱가포르 법원 항소법원의 판결을 보았다. Marina Offshore Pte Ltd v. China Insurance Co 사건(2006)이다. 항해시 연안 항해를 하라는 내용이 담보특약인지가 문제되었지만 첫 문장에서 항해개시전이라는 수식어가 있어서 아닌 것으로 판시되었다. 항차용 선박보험(voyage policy)인지 아니면 기간용 선박보험(time policy)인지가 먼저 문제 되었다. 항소법원에서는 기간용 선박보험으로 판시되었기 때문에 선박이 불감항 상태였어도 보험자가 승소하지 못하고 피보험자의 불감항에 대한 인식을 입증하였어야 하였지만 입증되지 않아서 피보험자는 보험금을 수령하였다. 여러 가지 내용을 한꺼번에 적용해 볼 수 있는 좋은 사안이다. (〈월간 해양한국〉 2003년 4월호)

8. 해운의 국제적 규제

해사공법적인 성격을 갖는 해운의 국제적 규제(international regulation of shipping)라는 강의가 2012년 봄 학기에 개설되어 있다.

알렌 탄(Alan Tan) 교수가 화, 목요일 오후에 3시간씩 집중강의로 1개월간 강의하였다. 주로 IMO에서 작성한 국제조약을 중심으로 강의했는데 마침 PSC와 해상운송관련 경쟁법 관련 수업을 참관하게 되었다. PSC의 개념과 통계자료를 분석하여주었고 이러한 PSC 검사결과가 용선계약에서 대상선박의 선정이나 체선료 등 부담주체 결정에 영향을 미침을 설명하여주었다. 유럽에서 벌어지고 있는 해운동맹의 폐지문제와 관련하여서 그는 싱가포르는 특별법으로서 해운동맹을 인정하고 있는 국가이고 해운동맹은 유익한 것이라고 강조하였다.

알렌 탄 교수는 싱가포르국립대학을 졸업한 다음 예일대학에서 박사학위를 받았다. 해사공법뿐만 아니라 항공공법에 대하여도 조예가 깊다. IMO관련 국제조약을 체계적으로 가르치는 법과대학은 찾아보기 어렵다. 해사공법은 해상법과 분리된 것으로 생각하는 경우가 많지만, 탄 교수는 선주의 손해배상책임과 비용절감의 관점에서 해사공법이 해사사법에도 영향을 미침을 강의하는 것이었다. 한국 학생 한 명이 이번에 그의 지도하에 박사과정에 입학하였다고 한다.

9. 해상법

해상법(Maritime Law)강좌도 개설되었다. 이 강좌에서는 우리가 알고 있는 해상법의 범주에서 운송계약법을 분리하고 남은 부분을 가르친다. 선박의 등록, 선박매매, 충돌, 구조, 난파물 등 주로 웨트(wet)부분에 대한 강좌로 거빈 교수와 폴 마부르 교수가 공동으로 강의하였다. 월요일 밤에 강좌가 개설되었다.

마부르(Mybrugh) 교수가 강의하는 도선법 강좌에 들어갔다. 법과대학에서 도선사의 책임에 대하여 2시간을 할애하여 강의한다는 것부터가 드문 일이다. 싱가포르도 영국과 마찬가지로 제정법으로 도

거빈 교수와 마부르 교수(우)

선사의 책임이 일정하게 제한되어 있다. 강제도선의 경우에는 계약관계가 존재하지 않는다는 영국의 1993년 캐빈대시(The Cabendish) 판례가 수업자료 중의 하나였다. 나는 도선사책임에 대한 한국입장(책임제한에 대한 규정이 존재하지 않고 약관으로 처리되는 점)을 소개하였다.

거빈 교수가 강의하는 선박건조 및 선박매매 수업에 들어갔다. 많은 자료들이 제시되었다. 3시간에 모든 것을 설명하고 이해하기에는 부족하였다. 선박건조에 대하여 한국이 세계 1위를 차지한다는 설명에 나도 우쭐하여졌다. 그런데, 그는 나에게 "일본선주협회(Shipowners Association of Japan)가 만든 SAJ 표준계약서가 많이 사용되는바 한국도 그러한가"하고 질문한다. SAJ를 활용하지만 모든 준거법이 영국법이 된다고 답하면서도 나는 한국법이 준거법이 되지 못하는 점에 대하여 자괴감이 들었다. 선박건조계약이나 매매계약이나 모두 계약법 일반이론을 따르는 것임을 그는 강조하였다.

그리고 계약서에 규정하지 않은 손해배상 등 관련된 내용은 보통법(법원이 만든 판례)이 적용된다고 하였다. 영국법이 준거법인 이상 선박건조는 영국의 물건매매계약법(Sales of Goods Act)이 적용된다고 한다. 선박을 동산으로 보는 것이다. 건조된 선박에 대한 매매이기 때문에 조선소가 가지던 소유권이 인도시에 발주자인 선박소유자에게 넘어가므로 이론 구성이 우리 법에 비하여 한결 간단하다. 선박의 매매에서 중간에 브로커들이 개입하지만 이 브로커들이 매도인이나 매수인의 agent의 지위에 있다고 한다. 선박매매에서는 노르웨이 서식이 압도적으로 사용되고 일본서식도 있지만, 최근 싱가포르에서도 선박매매의 중심지가 되기 위하여 NUS의 해운연구소에서 선박매매표준서식을 만들었다.

공동해손을 Ince&Co의 이언 앤더슨(Iian Anderson)변호사가 강의하였다. 우리나라에서는 공동해손에 대하여는 자세히 가르치지 않음에도 불구하고, 2주에 걸친 강의가 계속되었다. 운송계약, 용선계약 그리고 해상보험에서 공동해손이 되면 당사자들에게 어떤 법적 영향이 있는지 살펴보았다. 그리고 사례를 가지고 요크안티워프 규칙(YAR)의 몇 조에 해당하는 사항인지 구체적으로 살펴보는 실무적인 강좌였다. 수업을 듣고 보니 공동해손이라는 것이 적지 않게 선포되고 있는 현실에서 우리나라에서는 이에 대한 연구나 강의가 너무 부족하다는 생각이 들었다.

뉴질랜드 오크랜드 대학 마부르 교수도 남아공 출신으로 우연하게 거빈 교수와 동향이다. 남아공에서 공부를 하였다. Kluwer에서 만든 국제법률백과사전(IEL)에서 뉴질랜드의 운송법(transport law)을 출간한 점에서 그와 나는 공통점을 갖는다. 청바지를 즐겨 입고 귀걸이를 한 그는 큰 덩치에 어울리지 않게 목소리가 가늘고 나직하다. 싱가포르, 한국, 뉴질랜드의 해상법 교수들이 같이 뭉치자고 하여 보타닉 가든(Botanic Garden)의 멋진 식당에서 그가 점심 턱을 냈다. 마부르 교수는 현재 MPA(싱가포르항만공사) 초빙교수이다. 옥스퍼드의 레이놀드, 튜레인의 마틴 데이비스 이런 분들이 MPA 초빙교수로 강의를 개설한 바 있다. (이외에도 마부르 교수가 강의하는 해사국제사법<maritime conflict of laws>이 개설되었지만, 수업에 들어가지 못하였다. 1월 초에 개설되어 2월 중순까지 집중강좌로 처리되었다)

위와 같이 해상법강좌가 5과목이나 개설되었다. 강좌는 학부생만을 위한 것이 아니라 대학원생, 연구과정생에게 모두 개방된다. 강좌마다 20명 이상의 학생들이 참석한다. 나로서는 참으로 놀랄 일이다. 강좌가 학부학생들에게는 어려운 편이지만 해상법 석사 과정생이 참여하는 공통강좌라서 불가피한 측면도 있다.

10. 해상법 튜토링

4월 첫 주에 모든 수업이 종료되었다. 마지막 수업에서 교수들은 지난 해의 시험문제 혹은 가문제를 만들어 학생들에게 제시하고 튜토링이란 이름으로 수업을 한다. 그 범위는 학기 중에 배운 모든 수업 내용을 망라할 수 있도록 폭넓게 문제를 낸다. 문제지만 4페이지에 이른다.

거빈 교수의 해상법 튜토링 시간에는 선박건조계약, 선박의 등록, 선박충돌, 공동해손 등 많은 부분을 다루었다. 그중에서 나의 관심을 끌었던 것은 선박의 충돌에서 과실비율을 산정함에 있어서 판사가 장로선장에게 어떤 사항을 질의하여야 하는지에 대한 문제였다. 영국 해사법원에서는 장로선장에게 판사들이 항법에 대한 의견을 구하고 그 의견이 그대로 주의의무 위반이 되고 이것이 쌓여서 과실비율이 되는 것인바, 이러한 판사의 임무에 대한 질문을 하는 것이었다. 선박의 등록, 선박충돌, 공동해손 등의 제정법인 싱가포르 상선법(Merchant Shipping Act)에 담겨있고 여기에 없는 부분은 보통법이 적용되므로 근거규정과 판례를 답안에 잘 기재하라고 거빈 교수는 강조했다.

11. 용선계약법 튜토링

그렉슨 교수의 용선계약 튜토링 시간에는 항해용선계약과 정기용선계약에서 발생하는 선주와 용선자 사이의 분쟁에 대한 문제가 5개 나왔다.

항해용선계약에서는 정박기간에 대한 내용이 port charter(항구의 영역에 도착하면 선박이 대기하여도 정박기간이 계산됨)이면 선주에게 유리한 것이고, berth charter(선석에 접안하여야 정박기간이 계산됨)는 용선자에게 유리한 것이기 때문에 계약서의 내용이 어떤 것인지를 잘 파악하여야 한다고 하였다.

정기용선계약에서는 항로선정은 상사(employment) 사항이므로 선주는 정기용선자의 지시를 받아야한다는 2001년 영국 귀족원의 힐하모니(Hill Harmony)사례를 응용하는 문제를 다시 한번 반복하였다. 용선되었던 선박이 기관고장, 선원의 불승선, 그리고 이전 항차의 화물잔류물 때문에 항만당국이 하역작업을 거부한 경우가 모두 용선료지급중단사유(off－hire)가 되는지 물었다. 첫번째 정기용선 계약에서 반선이 늦어졌고 선주는 체결된 제2정기용선계약을 유지하기 위하여 용선료를 감액하여 준 경우에 선주가 정기용선자로부터 수령할 수 있는 손해가 얼마인가를 물었다. 2008년 영국 귀족원의 유명한 아칠레우스(Achilleas) 사례의 응용이다.

기존의 입장은 반선이 늦어진 경우(overlap) 정기용선자가 선주에게 배상하여야 하는 손해액은 현재의 시장가격에 기존의 용선료를 제한 액수를 늦어진 일수만큼 곱한 액수이었다. 제2용선계약의 체결 등이 있음을 알았거나 알 수 있었을 경우에만 정기용선자는 특별손해를 배상한다(Hadley v. Bexandale). 아칠레우스 판결에서는 항소법원은 특별손해까지를 인정하여 취소된 항차의 모든 일수 동안의 용선료를 모두 지급하라고 판시되어 시장에 큰 파장을 주었다. 그러나 귀족원은 용선자는 계약 당시에 이러한 책임을 스스로 인수한 것으로 볼 수 없다고 판시하여 기존의 입장과 같은 결과가 되었다.

(〈월간 해양한국〉 2013년 5월호)

12. 싱가포르의 해기사

필자는 2003년, 2004년 미국 텍사스 오스틴(University of Texas at Austin)에 연수 중 휴스턴을 중심으로 한 한국 해기사들의 활동상을 ＜해양한국＞에 기고한 바 있다(＜해양한국＞ 2005.1, 132면 이하). 이 글에서 필자는 미국 휴스턴의 해기사들은 해기경험을 바탕으로 한 자신의 고유영역에서 활동하는 점이 미국 서부의 해기사 출신과 다르다는 결론을 내리고 있다. 이제 9년이라는 세월이 흘러 2012년 필자는 싱가포르와 인도네시아 등 동남아에서 활동하는 해기사출신들을 살펴보게 되었다. 특히 필자의 관심을 끌게 된 것은 현재 싱가포르에만 150여명의 한국해기사 출신들이 활동하고 있다는 사실이었다. 영국 런던에서 활동하는 해기사 출신이 약 30여명에 이를 것으로 생각되는데 이렇게 많은 해기사 출신들이 싱가포르에 와서 생활하고 있다는 것은 큰 의미가 있다고 보았다. 어떠한 연유로 이렇게 많은 해기사들이 싱가포르에서 정착하게 되었는가? 모국인 한국에서 이들을 도울 일은 없는지 또 이들을 통하여 우리 해운업계가 배울 것은 없는지 이들의 활동상이 어떤지 정리하고 싶었다.

싱가포르의 한국 해기사 출신들은 크게 세부류로 나누어볼 수 있다. 첫째는 선박을 소유 혹은 용선하여 운항을 직접하는 분들과 이와 관련되어 근무하는 직원들이다. 둘째는 대형 선박회사 등의 주재원으로 파견나온 본들이다. 셋째는 선박운항에 부대하는 업종에 종사하는 분들이다.

한국해대 출신은 임정순씨(2기 기관과)가 가장 먼저 1970년대에 싱가포르에 정착하였다. 그는 현지 해운회사 기관장과 선주감독을 시작으로 조선소 공장장을 역임한 후 선박대리점업을 시작하였다. 현재 130여명의 한국해대 출신 해기사들이 활동하고 있다(회장 강준영 33기 기관과=77학번에 해당). 한편, 목포해대 출신들은 이영관씨(구명 이복만, 12기 항해과) 및 염동연씨(12기 항해과)가 역시 1970년대 싱가포르에 진출한 이래로 현재 약 20여명이 싱가포르에서 활동하고 있다(회장 김영팔<24기 항해과>). 한국출신 해기사들은 2000년대 최석씨(한국해대 28기 기관과)와 봉세종씨(한국해대 32기 기관과)를 싱가포르 한인회장으로 배출할 정도로 한인사회에서 영향력이 증대되었다.

13. 소유 및 운항자=이하 선주

싱가포르에서 가장 성공한 선주로는 김광렬 사장(한국해대 24기 항해과)을 들 수 있다. 현재 7척의 선박을 소유하고 운항하고 있다. 박태룡 사장(한국해대 36기 항해과)은 액체화물운반선에 특화하여 6척의 선박을 운항한다. 그의 회사는 한국에 본사를, 그리고 싱가포르

싱가포르 한국해양대 동문들(필자 좌측이 봉세종 회장)

에 사무소를 두고 있다. 심경섭 사장(한국해대 41기 항해과)도 1척의 선박을 가지고 영업을 한다.

14. 주재원

싱가포르는 동남아 지역의 중심지이기 때문에 한국의 선박회사 등은 대게 법인 혹은 지사를 설치하고 있다. 가장 큰 규모인 STX 팬오션 싱가포르 현지법인은 문용운 법인장(한국해대 35기 항해과)이 이끌고 있다. 현대상선, 한진해운, SK해운, 흥아해운 등도 법인 혹은 지사를 두고 있고 여기에 파견 나온 해기사 출신들이 있다. 한국선급(KR)에서도 송현철(한국해대 35기, 항해과) 지역본부장이 파견나와 있다. 기타 미국선급지부, ABS 선급지부에도 해기사들이 일하고 있다. 국토해양부 김민종 서기관(한국해대 38기 항해과)도 해적방지센터에 파견나와서 공무를 수행하고 있다. 기타 현대중공업, 현대 삼호조선에서도 주재원이 나와 있다.

목포해대 출신 30~40대 초반의 젊은 해기사들도 선박운항 분야에서 활약하고 있다. 배국진씨(현대상선, 목포해대 37기 항해과), 선봉근 포트캡틴(STX 마린서비스, 목포해대 39기 항해과=한국해대 기수로 47기, 91학번에 해당), 최모동씨 (STX 서비스, 목포해대 43기 기관과) 등이 대표적이다.

15. 부대산업

부대산업으로는 선원관리업, 선박대리점, 선식업, off-shore 사업 등을 들 수 있다. 선원관리업으로는 Wilhelmsen의 목익수 사장(한국해대 33기 항해과)을 들 수 있다. 선박대리점업으로는 봉세종 사장(한국해대 32기 기관과)이 대표적이다. 봉세종 사장은 한인회 회장을 역임하였고, 현재 헌법기관인 민주평화통일자문회의 싱가포르 지회장으로서 싱가포르 한인사회에 많은 기여를 하고 있다.

off-shore 관련 사업에 종사하는 해기사 출신들도 상당수에 이른다. 싱가포르 off-shore 관련 설비를 제작하기도 하지만, 한국, 인도네시아, 말레이시아 등에서 일어나는 off-shore 관련 작업에 필요한 각종 선박을 대여하고 제공하는 거래가 활발하게 일어난다. off-shore 작업, 해저송유관설치 및 해저전선부설에 필요한 선박 혹은 예인선의 제공, 경우에 따라서는 하청사의 수배, off-shore 기구의 수리 혹은 부속 설치 등의 사업에서 직간접으로 해기사 출신들이 관여한다. 강준영 사장(한국해대 33기 기관과, Far East Offshore), 백채열 사장(한국해대 33기 기관과, GLM Marine & offshore), 곽명재 사장(한국해대 35기 항해과, Tae Hae Offshore), 백용태 사장(한국해대 36기 기관과, Blue Marine offshore), 김용배씨(한국해대 44기, Mosestide), 임승묵씨(한국해대 46기 기관과, 대양 엔지니어링 근무) 등이 대표적이다.

STX 싱가포르 법인에서 근무하다가 최근 대형 캐미컬 화주인 인터캠(InterChem)으로 자리를 옮겨 화주를 위한 용선업무를 담당하는 김선화씨(한국해대 항해과 54기)도 해기사로서의 전문성을 잘 발휘하고 있는 케이스이다. 해기사 출신은 아니지만 스탠다드(Standard) P&I 클럽 싱가포르에서 근무하는 심상도씨(한국해대 해사법학과 46기)도 소개되어야 할 분이다.

16. 인도네시아의 해기사

싱가포르에 와서 들어보니 인도네시아에도 60여명의 해기사(한국해대 출신 50명, 목포해대 출신 10여명)들이 해운관련업에 종사하고 있음을 알게 되었다. 현지를 방문하여 탐방한 결과, 위 싱가포르와 같이 네가지 부류로 나누어 설명이 가능하다. 인도네시아에서 해기사 출신들의 진출과 정착은 1988년 이후로 알려져 있다. 1988년 윤청룡 사장(한국해대 31기 기관과)이 현대상선 주재원으로 일하다 현지에 정착하고, 허남승 사장(한국해대 34기 기관과)이 산업기자재 사업에 현지 투자하면서 해기사 출신들의 인도네시아 진출이 시작되었다. 2000년 이후 해기사 출신의 현지진출이 본격화되어 현재 60여명이 다양한 분야에서 활동 중이다.

17. 선 주

2004년에 설립된 JSK(인도네시아 법인)의 장상규 사장(한국해대 41기 항해과)은 인도네시아에서 해운업에 성공한 대표적인 해기사 출신이다. 그는 인도네시아 국내 석탄운송과 광산 채굴업을 중심으로 사업에 성공하였다. 인도네시아 쟈카르타 사무실의 직원만도 120명(한국해기사 13명, 한국해대 출신 김홍 이사<41기 기관과> 외 7명 및 목포해대 출신 이용복 해사본부장<24기 기관과>/박민철<44기 기관과> 공무감독 외 3명)이고 해상 근무직원은 약 350명이다. 그리고 싱가포르와 한국에 현지법인을 두고 있다. 작년 운임 수입 9천만 달러를 달성하여 인도네시아 선주협회에서 드라이 벌크부분 최우수선사로 선정되었고 매입한 광산에서 채굴한 석탄의 판매량도 1억 달러에 이른다고 한다. 현재 인도네시아의 off-shore 부대사업에도 진출하고 있으며 영업범위를 확장하려고 준비 중이다. 인도네시아의 내항운송(cabotage)은 국내법인만이 가능한바 인도네시아 현지회사를 설립한 영업이 성공한 셈이다.

18. 주재원

STX팬오션, 한진해운, 현대상선 등도 현지에 주재원을 두고 있다. 선박들이 많이 입항하기 때문에 슈퍼카고 혹은 화물감독으로 파견 나온 분들이 많았다. 한국선급(KR)에서도 최근 지부를 두어서 김종우(한국해대 36기 기관과) 지부장이 활발하게 활동하고 있었다.

19. 부대산업

2010년에 설립된 JMS 강정구 사장(한국해대 34기 항해과, 현재 한국해대 동문회 회장)은 장상규 사장의 JSK의 선박 14척에 대한 선원관리업무를 하고 있다. 육상 직원 20명에 해상직원 350명을 관리하고 있다. 임성택 사장(한국해대 42기 기관과)은 기계수리업에서 두각을 나타내고 있다. 허치슨 한국터미널에서 근무하다 허치슨 자카르타 터미널에 와서 임원으로 일하고 있는 김창수씨(한국해대 44기 항해과)도 성공적인 사례이다. 김성욱 사장(한국해대 49기 항해과)은 석탄하역작업에 필요한 그랩(grab)을 대여하는 업에 종사한다. 고동완(목포해대 28기 항해과), 황인섭(목포해대 31기), 이재학(목포해대 35기 항해과) 사장들은 현지 선원 송출분야에서 활약하고 있다.

20. 기타사업

이 외에 허남승 사장(한국해대 34기 기관과)과 남석현 사장(한국해대 41기 기관과)은 건설분야에서 크게 활동하고 있다. 한편 이용호 사장(목포해대 23기 항해과)은 수산업에 종사한다(이 글에 소개된 외에도 소위 개인송출이라고 하여 직접 싱가포르와 인도네시아의 선박회사에 승선하는 해기사도 상당수 있는 것으로 알려지고 있다).

필자가 해상생활을 하던 1980년대에는 외국에 있는 해기사들은 주로 선식업에 종사하였다. 그래서 한국해양대학에는 선식과가 있다고 농담을 할 정도였다. 그런데 2004년 이미 미국의 휴스턴 등지에서 필자가 경험한 바와 같이 한국의 해기사 출신들은 자신의 해상경험을 살려 해운관련 전문직을 찾아 외국으로 나아가고 있음을 다시 한 번 확인하게 되었다. 8년전에 비하여(비록 비교하는 지역은 다르지만), 더 많은 해기사 출신들이 해기관련 전문적인 직종(자카르타의 김창수씨, 싱가포르의 김선화씨 등의 예)에 종사하고 있다는 점이다. 특기할 것은 젊은 나이에(30대도 상당히 많다) 가족과 함께 싱가포르와 인도네시아에서 정착하여 일한다는 점이다.

학교에서는 해기사 후보생들에게 바다의 매골이 되어야 한다고 가르쳤지만, 승선경험을 가진 해기사들은 전문성을 바탕으로 프론티어 정신을 발휘하여 새로운 업종을 찾아 외국으로 외국으로 진출하면서 한국 해기사의 기상을 세계 만방에 떨치고 있음을 필자는 이번에 다시 확인하게 되었다. 더욱 자랑스러운 것은 단순히 현지에서의 생활에 급급한 것이 아니라 한인사회와 그 국가에서도 전문직 종사자로서 상류층을 형성하고 있다는 점이다. 이 중에는 20년~30년 해외에서 어렵게 터전을 닦으신 분도 있고 그 선배들의 음덕으로 쉽게 현지에 정착한 분들도 있었다.

이들이 사업을 통하여 경험한 주재국의 해운업에 대한 국가의 정책, 국민들의 인식, 사업관행 등 장점을 모국인 한국에 소개하는 그런 자리라도 마련하면 좋겠다고 생각이 들었다. 또 이들이 외국에서 영업을 함에 있어 본국에서 도와줄 일은 없는지 확인하여 애로를 풀어주는 것도 필요하다고 생각된다. 지구촌 시대에 앞으로 더 많은 해기사 출신들이 외국으로 진출할 것으로 예상된다. 외국에서 생활하는 한국 해기사 출신들과 네트웍을 형성하여 이들도 보호하고 도와주면서도, 이들이 또 한국해운에 기여할 수 있도록 하는 제도적인 장치를 마련하는 것이 좋을 것이다.

시간이 충분하지 못하고 인연이 닿지 않은 관계로 더 많은 분들을 만나고 확인하지 못하여 짧은 지면에 모두 담지 못한 점이 아쉽다. 언급되지 못한 분들에게는 양해를 구하고자 한다.

(〈월간 해양한국〉 2012년 6월호)

21. 싱가포르 해상법 개관

순서가 뒤바뀐 것 같지만 전체적인 싱가포르 해상법의 큰 그림을 그려보자. 계약법과 불법행위 중에서 제정법이 없는 부분은 커먼로

(common law 판례)가 곧 법이다. 그런데 해사공법 등 다양한 조약을 반영한 제정법이 무언가 있을 것 같았다. 시중에 나와 있는 단행법은 모두 영국 교수나 변호사가 작성한 것이라서 싱가포르 해상법 책을 찾아볼 수가 없었다. Halsbury's Law of Singapore을 찾아보니 소상한 설명이 있었다. 제17(2)권은 선박의 등록, 압류제도, 책임제한제도 등이 포함되어 있고 제17(3)권은 충돌, 오염, 공동해손 등이 나와 있다. 운송법은 carrier라는 제목으로 Halsbury 제3권에 포함되어 있다.

싱가포르도 영국과 같이 상선법(Merchant Shipping Act)에 의하여 많은 부분이 규율된다(싱가포르 항만청<MPA> www.mpa.gove.sg). 선박등록, 선장 및 선원, 선박에 대한 소유권, 선박소유자책임제한 등의 제도가 모두 여기에 담겨 있다. 우리가 알고 있는 IMO 등 국제조약은 싱가포르가 이들을 비준하면서 모두 자국의 국내법과 동일한 효력을 갖도록 입법화했다. 조약의 내용을 원문 그대로 첨부(schedule)하면서 벌칙조항 등 추가하고자 하는 2~3개 조문만을 두는 입법을 하면서 조약을 국내법화한다. 선박충돌예방규칙(COLREG), 선주책임제한제도(LLMC), 유류오염손해배상조약(CLC) 등이 모두 그러한 예이다. 이러한 입법방식은 우리나라와 다르면서도 장점이 많다. 조약자체가 영어로 되어있기 때문에 이를 그대로 첨부(schedule)로 하면서 추가하거나 조약 집행에 필요한 벌칙조항들만 국내법에 직접규정하게 된다. 국내법과 국제조약의 상이에서 오는 해석과 적용의 문제점을 피할 수 있게 된다.

22. 세부적인 검토

(1) 선박의 등록

우리나라는 선박의 소유권 등을 위한 등기제도(법원)와 행정을 위한 등록(국토해양부)이 이원화되어 있지만 싱가포르는 등록 하나로 모두 처리된다. 우리나라는 편의치적을 허용하지 않지만 싱가포르는 반드시 자국국민이 소유하지 않은 선박이라도 등록을 허용하는 편의치적국가이다(상선법에 의하여 규율됨).

(2) 선주책임제한제도

싱가포르는 말레이시아와 같이 1957년 선주책임제한조약을 비준하여 사용하여왔고 낮은 책임제한금액 때문에 선주들에게 좋은 법정으로 널리 알려져 있었다. 그런데 싱가포르도 2005년 5월 6일 1976년 조약을 비준하게 되었다(1996년 의정서 미가입), (상선법에 의하여 규율됨). 우리나라는 1976년 조약(1996년 의정서 미가입)의 비체약국이지만, 상법 해상편에 1976년 조약의 내용을 반영하고 있다.

(3) 용선계약

용선계약의 당사자 관계(선박소유자와 용선자)를 규율하는 단행법은 없고 계약자유의 원칙에 일임되어 있다. 이 점은 우리나라와 유사하다. 이와 관련하여 많은 판례법이 형성되어있고 영국의 판례가 많이 인용된다.

(4) 운송계약

우리나라는 선하증권과 관련된 국제조약에 가입하지 않았지만 싱가포르는 헤이그 비스비규칙을 비준한 국가이다. 선하증권소지인에게 운송인에 대한 제소권을 인정하는 선하증권법(Bill of Lading Act), 해상운송계약법(COGSA)에는 헤이그 비스비규칙을 그대로 첨부(schedule)하여 추가하고 있다.

(5) 해상위험- 선박충돌, 공동해손, 해난구조, 유류오염

우리나라는 해상위험과 관련한 내용이 상법 해상편에 규정되어 있다(유류오염은 단행법인 유류오염손해배상보장법에서 규율함). 싱가포

르는 상선법에서 규율한다. 싱가포르는 우리나라와 같이 1992년 유류오염민사책임협약(CLC)와 국제기금(IOPC)협약 및 2010년 선박연료유협약 체약국이다.

(6) 선박압류

1999년 선박압류조약과 유사하게 해상클레임(선박운항과 관련하여 발생한 손해배상책임)에만 선박에 대한 압류가 가능하다(High Court <Admiralty Jurisdiction> Act). 싱가포르에서 우리나라와 같은 선박의 가압류는 원칙적으로 허용되지 않는다. 압류예방신청(Caveat against Arrest)라는 제도에 따라 선박소유자(채무자)는 선박이 입항시 압류되지 않도록 입항 전에 미리 조치를 취할 수 있다.

(7) 해상보험

1993년 영국법적용법(Application of English Law Act)에 따라 영국해상보험법(MIA 1906)을 받아들여 사용한다. 대학의 강의도 영국법 위주이다.

(8) 분쟁해결절차

우리나라는 해사법원과 해사중재가 없지만, 싱가포르는 해사법원(2002년 설치)과 해사중재(SCMA)(2009년 설치됨)가 크게 발달해 있다.

23. 한중일 선박소유자책임제한절차의 불안정과 해결방안

싱가포르국립대학교 법과대학의 펠로우는 연구성과를 발표하여야 한다. 현재 한국과 일본에서 동일한 사건에 대한 책임제한절차가 동시에 진행되는 비정상적인 일이 벌어지고 있는바 이에 대한 설명과 해결책을 제시하는 것이 나의 주제였다. 2012년 2월 8일에 리쉐라딘 회의실에서 나의 발표가 있었다. 거빈 교수가 브라질 출장 중이라 마부르 교수가 사회를 보았다. 약 20여명이 참석하였다. 나는 부핑양호 사건(한국-일본 동시진행)과 허베이 스피리트호 사건(한국-중국 동시진행)에 대하여 문제점을 지적하였다. 일본이 1996년 의정서에 가입하여 책임제한액수를 증액하는 바람에 채권자들이 일본을 선호하기 때문에 벌어지는 현상이다. 해결방안으로 제시된 것은 1976년 책임제한조약(LLMC)에 한국과 중국이 가입하는 것이다. 제12조 제2항에 의하여 책임제한절차는 한 곳에서만 진행되게 된다. 다른 방안으로는 1996년 의정서에 가입하여 책임제한액수가 동일하게 되도록 하여 책임제한액수가 높은 법정을 찾아가는 유인을 없애는 것이 있다. 장기적으로는 해상관련사건에 모두 재판관할과 관련된 조약을 만드는 것이 좋다고 결론을 맺었다.

24. 해상법전문과정

싱가포르국립대학 법과대학에는 학부의 학생들 이외에도 해상법 전문 법학석사(LLM)과정이 있다. 현재 20명 정도의 학생이 등록하였는데, 중국, 싱가포르, 인도, 말레이시아, 노르웨이 및 독일 등 각지에서 학생들이 모여들었다.

글로벌 비즈니스 법학석사과정(LLM in Global Business Law, 뉴욕대학과 공동개설)이라는 이름의 뉴욕변호사 과정과 해상법 전문과정(LLM in Maritime Law)을 동시에 할 수도 있다. 지원자들은 일단 뉴욕대학에서 입학허가를 받게 된다. 글로벌 과정의 이수학점은 20학점이다. 계약법, 회사법, 법조윤리, M&A, 반독점규제법 등과 같은 과목이다. 여기에 더하여 싱가포르국립대학 석사과정의 4과목을 듣는다(통상의 LLM은 6과목을 들어야 한다). 그런 다음 뉴욕주 법원의 명령에 따라 뉴욕에서 100시간 세미나에 참석하여야 한다. 이렇게 되면 뉴욕주 변호사 시험에 응시할 수 있다. 작년에는 34명이 재학하였고 17명이 시험을 보아서 13명이 합격하였다. 올해는 두 번째로 24개국에서 44명이 등록하였다. 22명이 시험을 볼 예정이다. 여름에는 뉴욕대학 교수들이 와서 집중강의를 한다. 이렇게 하면 뉴욕대학과 싱가포르국립대학에서 동시에 학위를 받게 된다.

미국 변호사자격을 취득할 목적을 가지는 우리나라 학생들이나 실무자들은 위 두 과정을 동시에 이수하면 해상법은 영국법을 중심으로 한 해상법을 배우면서도 미국 뉴욕주 변호사 자격을 취득할 수 있는 장점이 있다.

25. 글을 마치면서

영국의 해상법은 오랜 전통과 안정성을 가지고 있지만, 해상법을 적용하게 만드는 해운 및 물류의 실물이 영국에 존재하지 않는다는 점이 큰 약점이다. 반면, 아시아에 위치한 싱가포르는 영국법의 전통을 지키면서도 해운과 물류의 실물을 동시에 가지고 있는 장점이 있다. 정부의 해상법 활성화에 대한 적극적인 지원, NUS 법과대학의 해상법 교수와 개설되는 강좌 및 학생들의 열정은 싱가포르를 장차 세계해상법을 주도할 국가가 되게 할 것이다. 우리나라에서도 이러한 싱가포르의 해상법에 많은 관심을 가져야 한다. 필자의 5번에 걸친 연재가 이러한 목적에 조금이라도 기여하였다면 큰 보람이다. 연재를 허락하여 주신 해양한국 관계자에게 감사드린다.

(〈월간 해양한국〉 2012년 7월호)

[저자약력]

경북 영해고 졸업
한국해양대학교 항해학과 졸업
고려대학교 법학사 · 법학석사 · 법학박사
University of Texas at Austin(LLM)
싱가포르 국립대학 및 동경대학교 법과대학 방문교수
일본 산코기센(Sanko Line) 항해사 및 선장
김&장 법률사무소 선장(해사자문역), 법무법인 세경 비상임 고문
국립목포해양대, 부산대학교 법과대학 조교수 및 부교수
한국해법학회 회장, 법무부 상법개정위원, 인천항만공사 항만위원,
로테르담 규칙제정 한국대표단, IMO 법률위원회 및 IOPC FUND 한국대표단
(현) 고려대학교 법학전문대학원 교수(상법), 동 해상법연구센터 소장
　　선박건조 · 금융법연구회 회장
　　대법원 전문심리위원
　　해양수산부 정책자문위원장
　　중앙해양안전심판원 재결평석위원회 위원장
　　갑종 선장면허(1급항해사) 보유(2024년까지 유효)
　　대한상사중재원 · SCMA(싱가포르해사중재) 중재인

〈저서 및 논문〉

해상법연구(삼우사, 2003), 해상법연구Ⅱ(삼우사, 2008), 해상법연구Ⅲ(법문사, 2015), 해상법(법문사, 제5판, 2018), 해상교통법(삼우사, 제5판, 2018) Transport Law in South Korea(Kluwer, 제3판 2017), 선박충돌법(법문사, 2014), 보험법 · 해상법(박영사, 제9판 2015년)(이기수, 최병규 공저), 선박건조 · 금융법연구Ⅰ(법문사, 2016)(편집대표), 해상법 중요판례집Ⅰ(법문사, 2018)(편저)

〈수필집〉

바다와 나(종합출판 범우, 2017)
선장교수의 고향사랑(종합출판 범우, 2020)

김인현 교수의 **해운산업 깊이읽기**

2020년 7월 15일 초판 1쇄 발행
2020년 10월 20일 초판 3쇄 발행

저 자 김 인 현
발행인 배 효 선
발행처 도서출판 法 文 社
주 소 10881 경기도 파주시 회동길 37-29
등 록 1957년 12월 12일/제2-76호(윤)
전 화 (031)955-6500~6 FAX (031)955-6525
E-mail (영업) bms@bobmunsa.co.kr
(편집) edit66@bobmunsa.co.kr
홈페이지 http://www.bobmunsa.co.kr
조 판 법 문 사 전 산 실

BUM MOON SA

정가 18,000원 ISBN 978-89-18-91116-8